世界と日本
がわかる
国ぐにの歴史

一冊でわかる
スイス史

【監修】踊 共二
Odori Tomoji

河出書房新社

はじめに

スイスのスイスらしさ

日本人の「好きな国」に関するＮＨＫの最近の調査によれば、スイスはアメリカに次《つ》ぐ第2位です。フランスやドイツ、イギリスやイタリアより上位にあるのです。いったいなぜでしょう？

ウィリアム・テル、ハイジ、チーズ、チョコレート、高級腕時計、マッターホルン、レマン湖、エーデルワイス、登山鉄道。思いつくままに、スイスに「スイスらしさ」をあたえているものをあげるだけで、人気の理由がわかってきます。中立、銀行、赤十字《せきじゅうじ》も忘れてはなりません。

グローバル化は「国境」を無意味なものにしたと主張する人がいます。しかし、国境の内側で数世紀の歳月《さいげつ》を経《へ》て形成された制度や文化には強い生命力があります。ある国の個性的な成り立ちを知り、諸外国と比較してみることは、グローバル化の時代だからこそ必要なのです。本書が読者のみなさんの学びに役立つことを願っています。

監修　踊共二

知ってびっくり!

スイスの4つのひみつ

初めてスイス史にふれるあなたに、意外な事実を紹介します!

ひみつ1

カトリックとプロテスタントが鍋をかこんだ!?

第一次カッペル戦争のとき、グラールスの仲裁で和解が成立したあと、カトリック側が牛乳を、プロテスタント側がパンをもちより、大鍋でいっしょに食べたという伝承があります。

→くわしくは 88 ページへ

ひみつ2

アルプスの美しさを伝えたふたりの文化人がいた!

解剖学者・植物学者のハラーや地質学者のソシュールの著作によって、アルプスの風景の美しさが伝えられ、やがて観光地としてアルプスの人気が高まっていきました。

→くわしくは
112 ページへ

ひみつ3

“鉄道王”と世界的な銀行の創設者は同一人物!?

実業家・政治家のアルフレート・エッシャーは、民間鉄道の北東鉄道、信用銀行クレディ・スイスの経営者で、チューリヒ工科校の創設にも貢献しました。

→くわしくは 145 ページへ

ひみつ4

スイス全体で女性参政権が認められたのは 20 世紀末!?

スイスには 20 世紀なかばになっても女性参政権を認めない地域が多くあり、1971 年の国民投票でようやく連邦レベルでの女性参政権が実現しました。ただし、なんと 1991 年まで女性の政治参加を拒んだ地域もあります。

→くわしくは 184 ページへ

さあ、スイス史をたどっていこう!

目次

chapter

2 同盟国家の強化と拡大

ジュネーヴのジェドー（大噴水）

レマン湖はジュネーヴ湖とも呼ばれ、スイスとフランスにまたがっている。面積はおよそ580㎢である。ジェドーから噴き上げる水の高さは、およそ140m。この都市のシンボルとなっている。

chapter 3 宗教改革と内部分裂

chapter 4 近代国家の成立

エーデルワイス

ドイツ語で「高貴な白」という意味をもつ高山植物。

chapter 6 スイスの現在と未来

〈巻末〉

ひみつコラム

プロローグ

世界一ユニークな国

スイスと聞いて、日本人がまず頭に思い浮かべるのは、アルプス山脈の自然かもしれません。名峰《めいほう》マッターホルンで知られるアルプス山脈の雄大さと美しさは、世界中の人びとを魅了しつづけています。

スイスの国土面積は4万1285平方キロメートルで、北海道の約半分です。その国土の大半は、アルプス山脈です。それは中西部のベルナー・オーバーラント山群、南西部のヴァリス山群、東南部のベルニナ山群などで構成されています。アルプス山脈はフランス南部からオーストリア、スロベニアまで延びており、「ヨーロッパの屋根」とも呼ばれます。

この「屋根」は、ヨーロッパ各地を流れる河川の水源になっています。ヴァリス（ヴァレー）の水源から南西へ流れる水はローヌ川と呼ばれ、ジュネーヴとフランスのリヨンを通って地中海に注《そそ》ぎます。

ベルニナ山群の北部を流れる水はイン川（エン川）と呼ばれ、ドナウ川と合流し、オ

スイスの国土

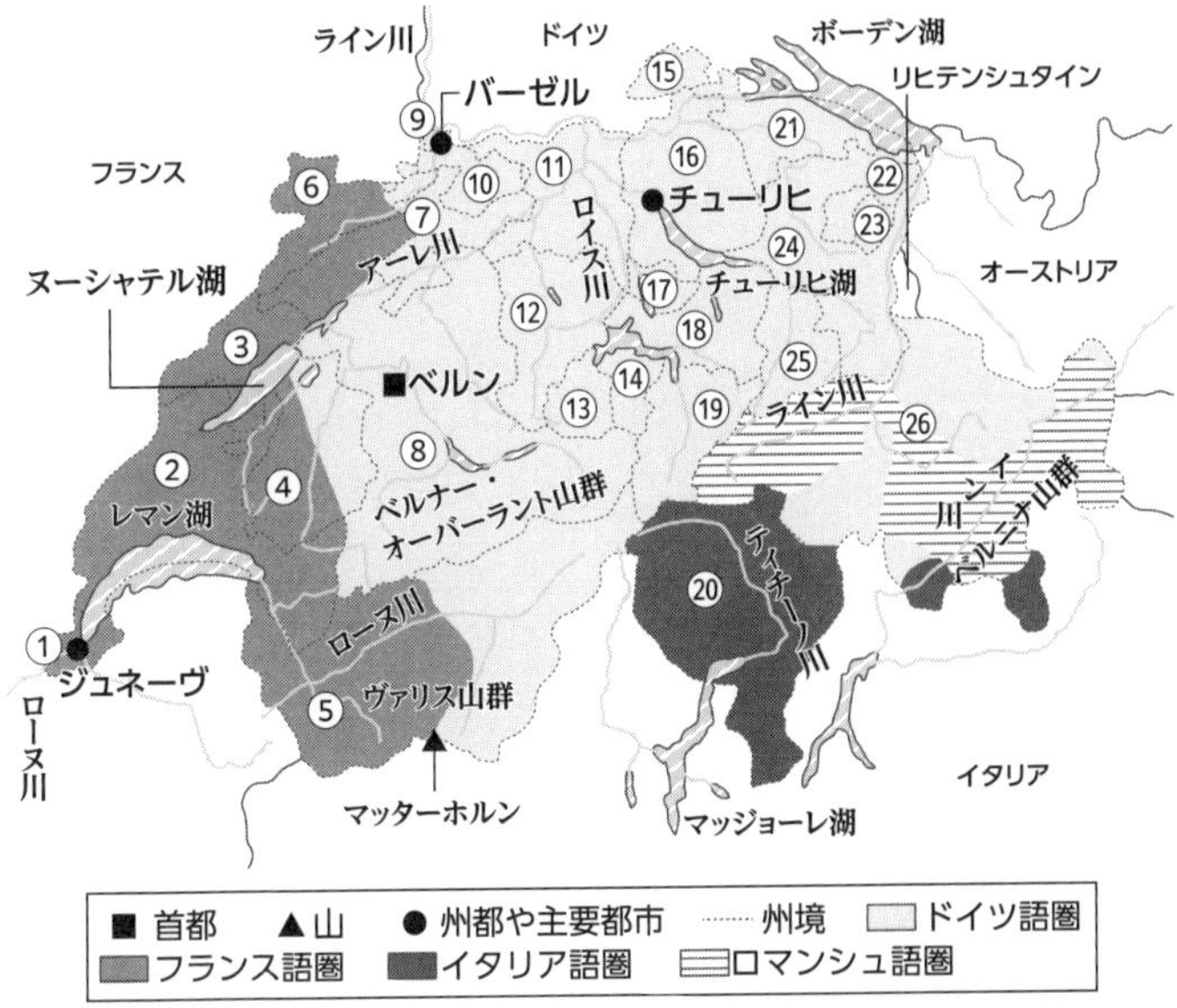

州
①ジュネーヴ（GE）
②ヴォー（VD）
③ヌーシャテル（NE）
④フリブール（FR）
⑤ヴァレー（VS）
⑥ジュラ（JU）
⑦ゾロトゥルン（SO）
⑧ベルン（BE）
⑨バーゼル都市部（BS）
⑩バーゼル農村部（BL）

州
⑪アールガウ（AG）
⑫ルツェルン（LU）
⑬オプヴァルデン（OW）
⑭ニートヴァルデン（NW）
⑮シャフハウゼン（SH）
⑯チューリヒ（ZH）
⑰ツーク（ZG）
⑱シュヴィーツ（SZ）
⑲ウーリ（UR）
⑳ティチーノ（TI）

州
㉑トゥールガウ（TG）
㉒アペンツェル・アウサーローデン（AR）
㉓アペンツェル・インナーローデン（AI）
㉔ザンクト・ガレン（SG）
㉕グラールス（GL）
㉖グラウビュンデン（GR）

総面積　4万1285㎢
総人口　890万人（2023年、スイス連邦統計局）

ーストリア、ハンガリー、クロアチア、セルビア、ルーマニア、ブルガリアなどを通り、黒海《こっかい》に流れこみます。ヴァリス山群とベルニナ山群の南を流れるティチーノ川は、アルプスの南側に流れ出てポー川に合流します。そしてポー川はイタリア北部を東に流れ、アドリア海に達します。

現在、ドイツ、フランス、イタリア、オーストリア、リヒテンシュタインと国境を接するスイスは、古代から各地の人びとが行《い》き交《か》う場所でした。とくに1200年ごろに中央部のザンクト・ゴットハルト（サン・ゴッタルド、サンゴタール）峠道の整備が進むと、スイスの都市はイタリアとアルプス以北の世界を結ぶ重要な拠点となります。

さまざまな言語や文化が入り混じっている現在のスイスでは、4カ国語が使われており、複数の言語を話す人も少なくありません。

人口に占める割合は、ドイツ語が約62パーセント、フランス語が約23パーセント、イタリア語が約8パーセント、ロマンシュ語が約0・5パーセントです（2021年、スイス連邦統計局調べ）。

山が多く畑作に向かなかったスイスでは、酪農が古くからさかんです。アメリカのアニメ「トムとジェリー」に登場するネズミのジェリーの大好物で穴があいた黄色のチーズ、エメンタールはスイスを代表するチーズです。

とくにヨーロッパ各地が食糧不足にみまわれた16世紀以降にチーズ生産はさかんになり、スイスの重要な輸出品となりました。

時計産業も有名です。腕時計ではオーデマ・ピゲ、ヴァシュロン・コンスタンタン、パテック・フィリップなどの高級ブランドがあります。

金融業を思い浮かべる人もいるかもしれません。スイスの金融業は規模が大きく、UBS、クレディ・スイスのような有名な企業があります。

スイスの銀行は、顧客情報の管理を徹底し、機密情報を外にもらさないことで有名です。富裕層

だけが口座をつくるプライベートバンク部門では、世界各国の政治家や富豪たちが口座《こうざ》をもっています。そのため、不正に得たあやしいお金が集まるイメージがあるかもしれません。ただし近年は、国際的な金融犯罪に利用された疑いがある場合に口座情報を開示しています。

スイスは「永世中立国」、つまりどの国や同盟とも軍事的な関係をもたず、つねに中立を維持する方針の国です。そのため平和でのどかな国というイメージがあるかもしれません。しかし、非常にきびしい兵役《へいえき》制度があり、冷戦のとき、「スイスは軍隊をもたない。スイス自体が軍隊なのだ」といわれました。

宗教や倫理観などを理由に兵役を拒否して代替役務を選ぶ人もいますが、基本的には「国民皆兵」で、男性には検査に合格すると20歳から34歳まで断続的に兵役（訓練）が求められます。世界的にみても、軍事に関する重たい義務のある国なのです。

このように、現在のスイスにはユニークな地理や言語、産業や国家制度があります。なぜこうなったのでしょうか。そのひみつを知るために歴史をさかのぼってみることにしましょう。

chapter 1

スイスの誕生

先史時代の人びと

現在のスイスにあたる地域に住んだもっとも古い人類は、6万年前から4万年前のネアンデルタール人だと考えられています。当時は、ヨーロッパの大部分が氷河におおわれていました。

氷河期が終わった紀元前1万2000年ごろ、現在の人類であるホモ・サピエンスがスイスにあたる地域に住むようになります。氷が溶けたあとのスイスは森林におおわれ、雪どけ水によって湖や沼が形成されました。

人びとは、旧石器時代に特有の打製石斧《だせいせきふ》などの道具をつくり、野生動物の狩猟、木の実や果実の採取、川や池での漁獲に使用しました。

紀元前5000年ごろには、新石器時代に特有の磨製石器の農具を用いた穀物の栽培がはじまりました。生活の中心が農耕になったため、人びとは川沿いや湖畔に定住するようになり、ヤギやヒツジ、ブタ、ウシなどの飼育のほか、土器や布の製作の技術が広がります。

紀元前2000年ごろからは青銅器がヨーロッパで使われはじめました。スイスにもさまざまなものがみられます。たとえば、斧《おの》やナイフ、釣り針、腕輪などです。青銅器以外に金の加工も行われ、ネックレスなどの装飾品がつくられました。

ケルト人がやってくる

紀元前8世紀ごろから、スイスでは鉄器が広がりはじめました。これを使っていたのは、バルカン半島方面からやってきたケルト人の祖先だったと考えられています。ケルト人の祖先は、死者を火葬にして遺骨をつぼにおさめ、丘につくった墓に埋葬しました。この墓には、鉄製の武器や金の装飾品が副葬品としておさめられています。

紀元前8世紀から紀元前5世紀ごろまで、現在のスイスにあたる地域で「ハルシュタット文化」が栄えました。鉄器と青銅器の併用が特徴です。この時代は雨が多く、人びとは洪水や浸水を避けるために標高の高い台地で暮らします。しだいに集落は大きくなり、人びとを代表して政治を行《おこな》う者も現れました。

紀元前5世紀ごろから、現在のスイス北西部をふくむガリア地域（現在のフランス、ベネルクス三国などを中心とする地域）に住んでいたケルト人は大移動をはじめます。西方ではイベリア半島やブリテン諸島、南方ではイタリア半島北部、東方では小アジア半島にまで居住地を拡大しました。この大移動によって人びとの文化が混じり、「ラ・テーヌ文化」が生まれたと考えられています。ラ・テーヌ文化の特徴は、曲線と渦巻《うずま》き模様をあしらった装飾です。そこにはケルト人の神話的世界が表現されていました。

このころ、ケルト人は氏族《しぞく》（祖先を同じくする血縁集団）による社会を形成していました。氏族は村に分かれて住みましたが、親しい氏族どうしで連合体になることもありました。このような連合体が複数集まって「部族」がつくられていきます。

スイスの中部に定住したヘルウェティイ族は、金属の加工や陶器の製造に関して高い

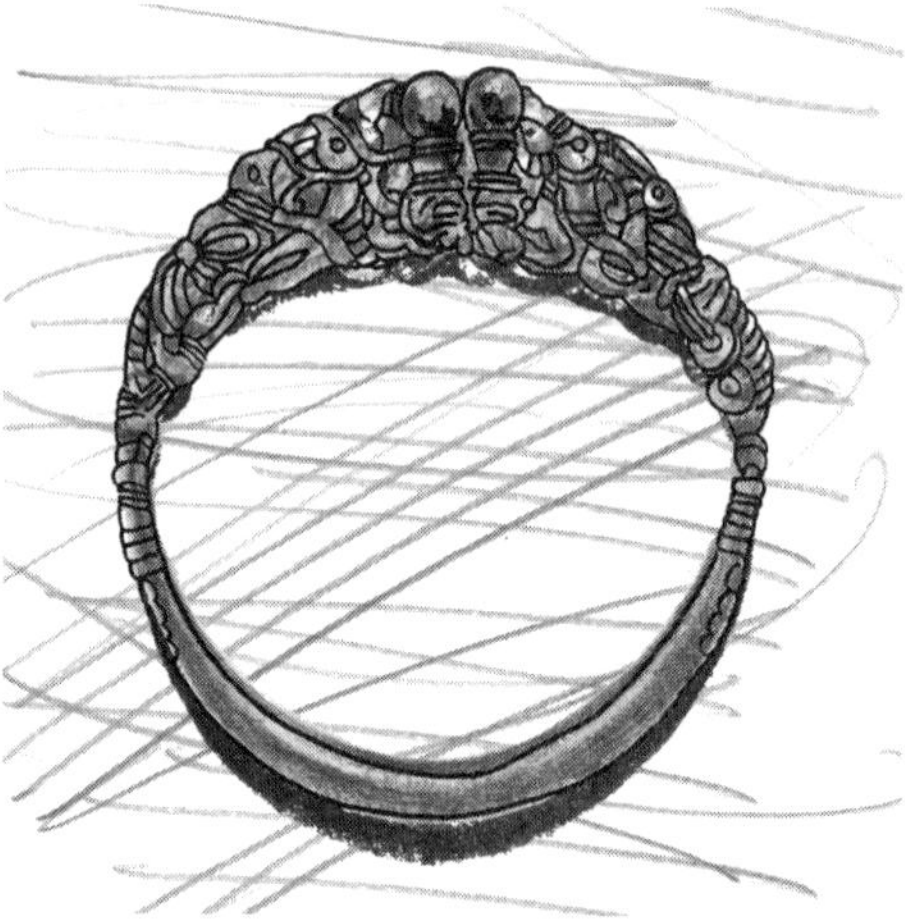

技術をもっていました。紀元前1世紀ごろ、ローマの政治家で軍人のユリウス・カエサルが著《あらわ》した『ガリア戦記』には、「ヘルウェティィ族は武勇に優《すぐ》れている」と書かれています。また、「この土地には12の城塞都市と400の村がある」とも記されています。城塞都市は防衛用の城壁によってかたく守られていました。

ヘルウェティィ族の盛衰

ヘルウェティィ族は、紀元前107年に族長ディィウィコーに率《ひき》いられてガリアに攻めこみ、現在のフランス南部のアジャン近郊でローマ軍を打ち破ります。紀元前58年には、族長オルゲトリクスに率いられ、ヘルウェティィ族はふたたびガリアに侵攻します。このとき、ヘルウェティ

イ族は故郷の都市や村を焼きはらい、もどらない決意でガリアへ向かったのでした。

ヘルウェティイ族がそれまで生活していた土地は狭く、増えた人口に対して十分な食料を得られないうえに、ヨーロッパ北部から南下してくるゲルマン人の圧迫も受けていました。カエサルによると、当時のヘルウェティイ族の人口は26万3000人で、そのうち戦士は9万2000人でした。この大軍はカエサルと戦いますが、現在のフランス東部、ブルゴーニュ近郊のビブラクテで敗北します。

勝利したカエサルは、生き残ったヘルウェティイ族の人びとを故郷に帰し、焼きはらった都市や村を再建させました。そしてカエサルは、ゲルマン人やスイス東部のラエティー族（ケルト人の部族）がローマの領土に侵入しないように、ヘルウェティイ族に防衛の任務をあたえます。その見返りとして、ヘルウェティイ族は「ローマ人の同盟者」と認められ、ヘルウェティア（現代のスイス西部）の自治を許されました。

ローマ人による支配

ローマ人は紀元前44年ごろ、現在のスイスにあたる地域にやってくると、植民都市を

ローマ時代のスイス

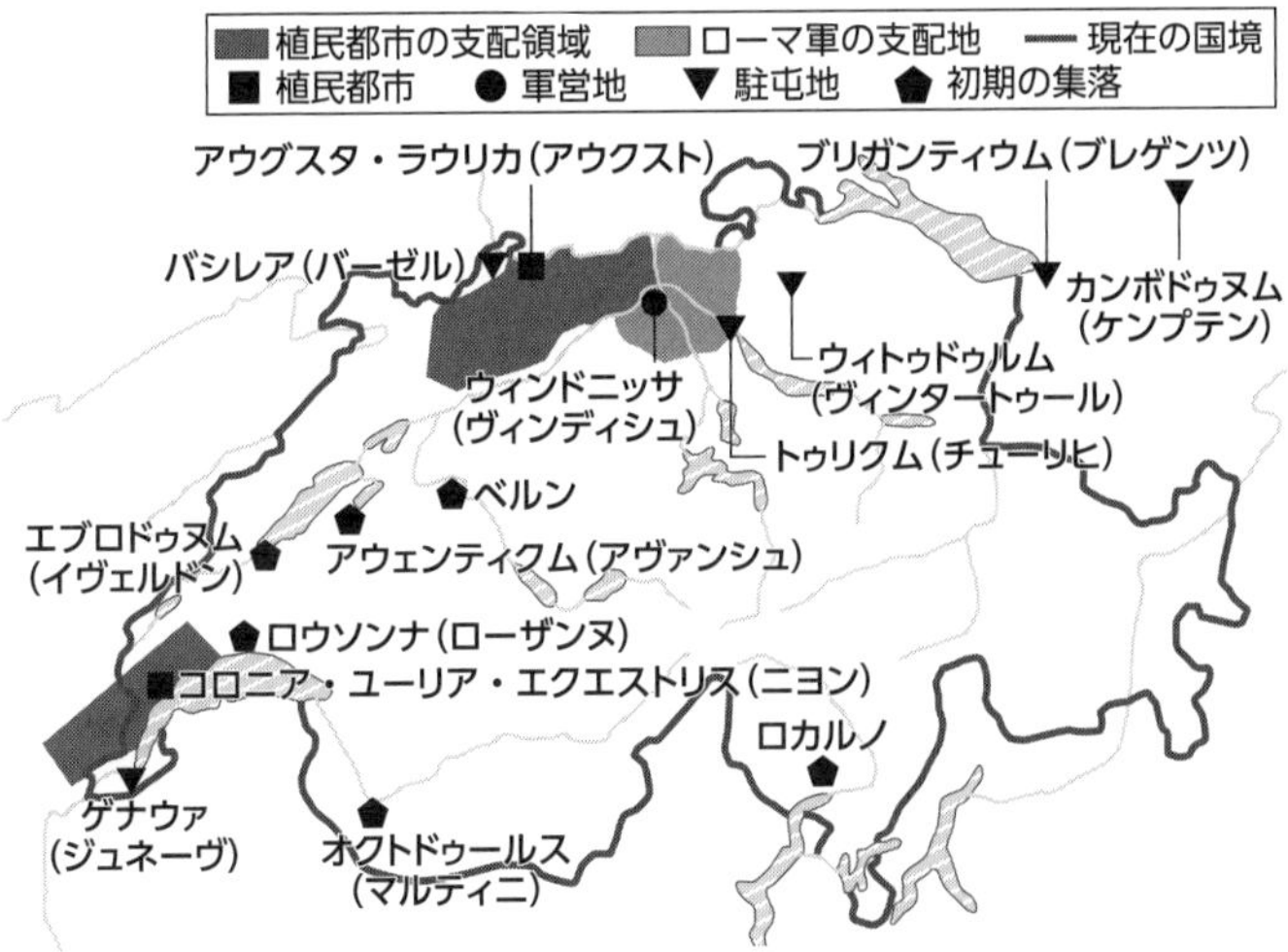

建設します。現在のニヨンにできた、レマン湖北岸のコロニア・ユーリア・エクエストリス（「カエサルの騎兵植民地」という意味）が有名です。ここに住んだのは、ローマ軍を引退した軍人たちでした。

　ローマ帝国の初代皇帝アウグストゥスの時代には、ライン川方面にアウグスタ・ラウリカという植民都市が建設されます。ローマ人は、ヘルウェティイ族やラエティー族がほかの部族と連携しないように見張っていました。

　紀元前16年からローマ皇帝アウグストゥスがガリア地域への遠征を行《おこな》い、

紀元前15年にはラエティー族を降伏させます。これにより、現在のスイス全域がローマ帝国の領域に組みこまれました。

アルプス地域のローマ化によって、アルプスから北西ヨーロッパに流れるライン川、そしてアルプスから中央ヨーロッパを通ってバルカン方面に流れるドナウ川を利用する交通ルートが開かれます。

ヘルウェティイ族の拠点だったアウェンティクム（現在のスイス西部アヴァンシュ）にもローマの植民都市が開かれました。それはグラン・サン・ベルナール峠を用いてアルプスの南側と北側を結ぶ交通路上にあったため、たいへん栄えました。

スイスにあったローマ都市には神殿、円形闘技場、公会堂、公共浴場といったローマ式の公共施設が建設されます。住民の大半はケルト人でしたが、しだいにローマの生活様式が広がっていきました。ケルト人の指導者たちには、ローマ市民権があたえられます。これは、ローマ帝国内で選挙権や裁判権、所有権などのさまざまな権利を認めるものでした。

宗教もローマのものにあわせることになり、ケルトの神々とローマの神々が融合します。もともとケルト人の宗教は、森や大地、火、太陽や月といった自然を崇拝するものでした。たとえば、ケルトにおける雷《かみなり》の神タラニスは、ローマの最高神ユピテルと同じ存在とみなされました。

帝国の混乱と広がるキリスト教

ドミティアヌス帝により、89年にローマ属州の行政区画の再編が行われます。スイス西部から中央部まではゲルマニア・スペリオル属州に、スイス東部はラエティア属州に、レマン湖の南側はガリア・ナルボネンシス属州に区分されました。

212年、カラカラ帝が発した「アントニヌス勅令」により、ヘルウェティイ族をふくむローマ帝国内の異民族にもローマ市民権があたえられます。これにより、人びとの

そのころ、日本では？

古代中国の複数の歴史書には、弥生《やよい》時代後期にあたる2世紀後半ごろの日本で「倭国大乱《わこくたいらん》」と呼ばれる大規模な争いがあったと記されています。この争乱は10年ほどつづき、最終的に邪馬台国《やまたいこく》の卑弥呼《ひみこ》が女王になって収まったとされています。

移動が自由になったため、都市への移住が進みました。

現在のスイスの都市であるロウサンナ（ローザンヌ）、トゥリクム（チューリヒ）なども、地方から人びとがやってきたことで人口が増えていきます。

260年、ウァレリアヌス帝がササン朝ペルシアとの戦いに敗れ、捕虜になる事件が起きました。正式な後継者の指名がないまま皇帝が不在になったため、ローマ帝国ではつぎの皇帝の座をめぐる内乱が起きました。

アルプス地域の国境を防衛していたローマ軍は、争いに参加するために撤退します。すると、ゲルマン人がローマ帝国領に侵入し、都市や村を略奪しました。スイスはゲルマン人とローマの戦いの中心地となり、各地に城や監視のための塔が築かれます。

3世紀ごろから、スイスでキリスト教が広がりはじめました。異民族の侵入によって治安が悪化し、人口が減るなかで、人びとは死んだあとの魂が救われることを約束するキリスト教にすがるようになっていきます。

3世紀後半、ディオクレティアヌス帝の時代、エジプトのテーベからヴァレー（ヴァリス）地方のアガウヌム（現在のサン・モーリス）に派遣されてきたキリスト教徒のローマ兵たちが、皇帝の命じるキリスト教弾圧を拒否したため処刑されました。このとき殺された聖マウリティウスは、サン・モーリスを守る聖人として現在も敬《うやま》われています。

ブルグント族とアレマン族

ゲルマン人の侵入により、それまで繁栄していた都市は荒れていきます。コロニア・ユーリア・エクエストリス（ニヨン）の石造りの建物は破壊され、ジュネーヴの砦《とりで》をつくる石材とされました。ロウサンナ（ローザンヌ）の人びとは、ゲルマン人に殺されることを恐れ、この地域から逃げます。

395年にテオドシウス帝が死んだことがきっかけで、ローマ帝国はローマを首都とする西ローマ帝

国とコンスタンティノープルを首都とする東ローマ帝国に分かれました。

4世紀末、族長アラリック率いる西ゴート族がバルカン半島からイタリア半島に近づいてきました。これを受けて、アルプスの北側を防衛していたローマ軍が、ローマを守るために帰国します。そして401年、ローマ軍がスイスから完全に撤退し、ローマ帝国による支配は終わりました。

その後、ゲルマン人のブルグント族がスイス西部に進出してきます。彼らはもともと、バルト海のボルンホルム島を故郷とする部族で、移動をくり返し、406年にライン川を越えました。

436年、ローマ軍の司令官アエティウスは、アジア系の遊牧民フン族の力を借りてブルグント王国を攻撃し、壊滅状態におとしいれます。アエティウスは、生き残ったブ

そのころ、日本では？

『日本書紀』によると、5世紀前半は第15代応神天皇《おうじんてんのう》の治世《ちせい》にあたります。朝鮮半島にあった百済《くだら》から渡来した王《わ》仁《に》（『古事記《こじき》』では和邇吉師《わにきし》）が、中国大陸で成立した儒《じゅ》学《がく》の思想書『論語《ろんご》』と、書道の手本となる『千字文《せんじもん》』を日本に伝え、漢字の使用が少しずつ広まりました。

ルグント族をサパウディア（現在のフランス中西部のサヴォワ地方）に住まわせました。ブルグント族は「ローマ人の同盟者」の誓いをして、443年に西ローマ帝国の支配下でブルグント王国を再建します。

ブルグント王国の領域があったスイス西部には、ローマの文化が根づいていたため、ブルグント族もしだいにその文化に慣れ、ローマ人の言語であるラテン語を使うようになっていきました。宗教的には、ゲルマン人に浸透していたキリスト教のアリウス派（イエス・キリストを神そのものとみなすことを拒《こば》んだ異端派）を信仰します。

476年、ゲルマン人の傭兵《ようへい》隊長オドアケルによって、西ローマ帝国が滅ぼされました。その後493年には、東ローマ帝国が東ゴート族の族長テオドリックにオドアケルを暗殺させます。これを機に東ゴート族はイタリア半島に住みつき、東ゴート王国を成立させました。

西ローマ帝国の消滅により、ブルグント王国は自立化し、現在のフランス東部とスイス西部にまたがるジュラ地方、スイス西部のヴァレー地方、ヴォー地方、フリブール地方を支配しました。

当時、ガリア北西部では、ゲルマン人の一派フランク人が勢力を広げていました。フランク人は、サリ族やブルクテリ族など複数の部族が集まって構成されていました。フランク人がライン川北部にも居住地を拡大したあと、481年にメロヴィング家のクローヴィスがフランク王国を成立させました。

そして、クローヴィスは496年、ドイツ南西部とスイス北東部にいたアレマン族を攻撃します。このとき生き残ったアレマン族は、フランク王国の支配下でアレマン公国をつくることを許されました。その勢力は、スイス中部までおよびます。

なお、アレマン族の多くはキリスト教を受け入れず、アレマン公国ができてからも古くからの宗教を維持しました。

フランク王国の支配

ジギスムントが516年にブルグントの王となり、国教をアリウス派からカトリックに変えます。カトリックはローマ教皇を中心とし、伝統を重んじるキリスト教の最大勢力です。熱心なカトリック信者となったジギスムントは、教会を整備してカトリックの

ゲルマン諸部族の定住

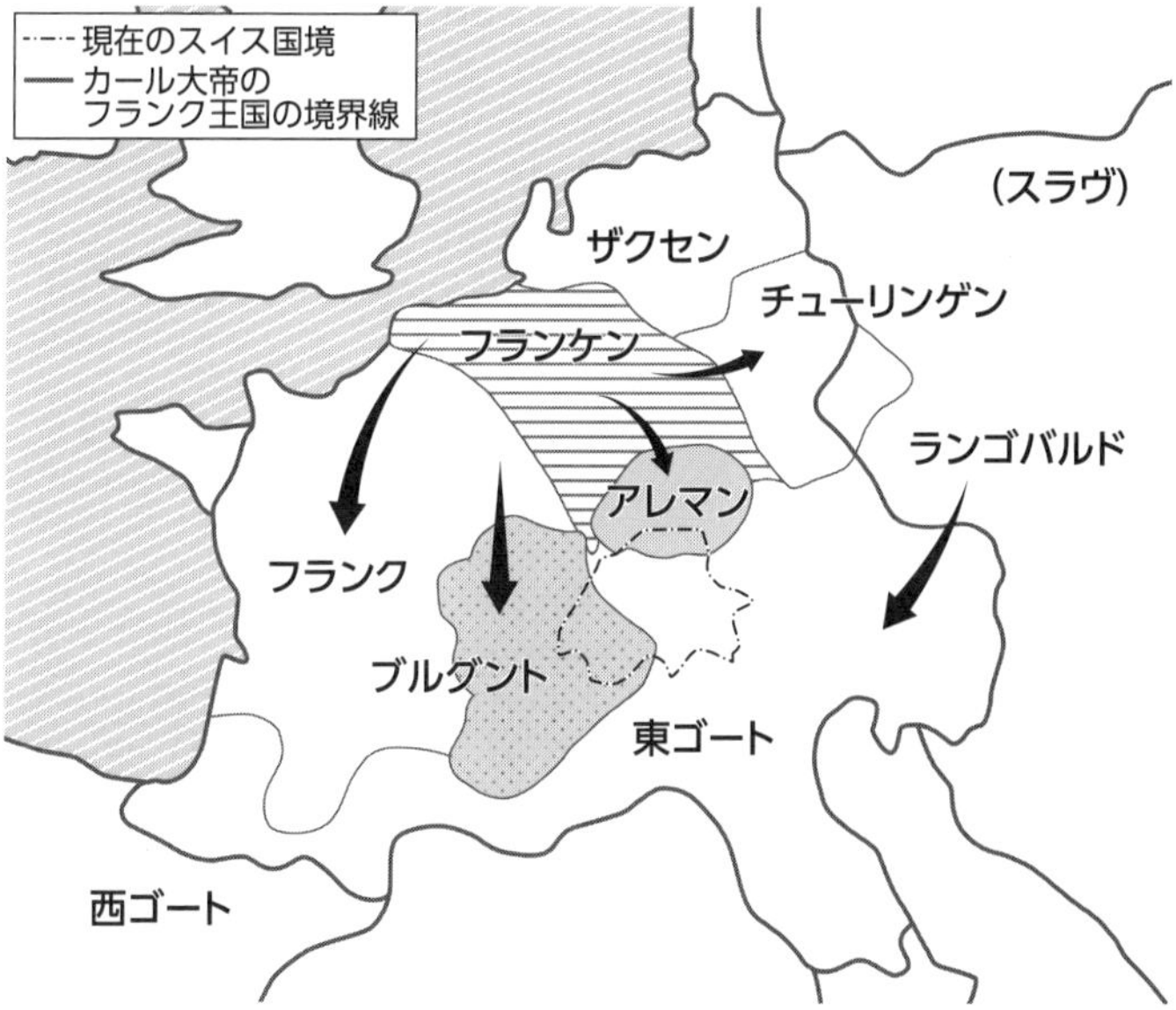

教えを広めようとしました。その活動のなかで、聖マウリティウスが死んだ場所にサン・モーリス修道院を設立しています。

一方、フランク王国では、クローヴィスの死後、クロタールが国王となって領土を拡大し、534年にはブルグント王国を併合することになりました。

535年、東ローマ皇帝ユスティニアヌスは、族長テオドリックの死により衰退していた東ゴート王国を征服するために、軍隊をイタリア半島に派遣します。20年におよぶ戦いの結果、553年に東ゴート王国を滅亡させました。

フランク王国では、561年にクロタールが死ぬと、フランク人の伝統に従い、王国は分割されて息子たちが相続しました。

その後、彼らの領土はアウストラシア分王国、ブルグント分王国、ネウストリア分王国に再編されました。スイス西部はブルグント分王国、アレマン公国をふくむスイス東部はアウストラシア分王国に編入されます。

イタリア半島を統合したあと、皇帝ユスティニアヌスが死ぬと、しだいに東ローマ帝国は衰退していきました。そのすきをみて、アルボイン王率いるランゴバルド族がイタリア半島に侵入します。そして568年に、パヴィーアを首都にし、ランゴバルド王国を建国しました。

そのころ、日本では？

6世紀の日本では朝鮮半島や中国大陸との文化的な交流が進み、6世紀なかばに仏教が伝わります。ヤマト政権（天皇家）に仕える有力な豪族の蘇我《そが》氏は仏教の普及に積極的でしたが、物部《もののべ》氏はこれに反発してはげしい政争が起き、最終的に物部氏は滅ぼされました。

6世紀なかば、アレマン公国の人びとはいまだに古くからの宗教を信仰していました。彼らをカトリックに改宗させるため、590年に修道士の集団がアイルランドを出発します。彼らは6世紀末にブルグントの地で布教し、7世紀はじめにはアレマン公国の各地で活動しました。

その後、修道士たちは北イタリアへ向かいますが、その一員だった聖ガルスは病気になったため、スイス北東部、ボーデン湖畔のアルボンに留まりました。その後、この地にザンクト・ガレン修道院が設立されることになります。

カロリング朝による征服

アウストラシア分王国では、7世紀前半からメロヴィング朝の宮宰《きゅうさい》（宮廷でもっとも権力のある官職）をつとめるカロリング家が力をふるいました。そのころアレマン公はフランク人による支配からの独立をめざし、カロリング家にたびたび反抗します。

メロヴィング家のネウストリア王クロタール2世はアウストラシア分王国やブルグント分王国と戦い、613年にフランク王国をふたたび統一しました。これを助けた宮宰カロリング家は、さらに力をつけます。

732年には、カロリング家のカール・マルテルが、トゥール・ポワティエ間の戦いでイスラム勢力を撃破します。王国を救う活躍をしたカロリング家は名声を高め、国王にかわって政治をまかされるようになります。746年にはカール・マルテルの子カールマンがアレマン公の反乱を鎮圧し、服従させました。

カールマンの弟ピピン（小ピピン）は、751年にローマ教皇の支持を得て、とうとうメロヴィング朝を廃止し、カロリング朝を開きます。

ピピンの息子カール大帝（シャルルマーニュ）は、768年に王位につき、イタリア半島のランゴバルド王国を征服してフランク王国の領土を広げました。これにより、ラエティア（ラエティー族が住んだスイス東部）の峠道がフランク王国の支配下に入り、アルプス山脈と北イタリアの交通が活発化します。

カール大帝は遠征をくり返し、790年代には西はブルターニュ半島、東はカルパチア盆地（ハンガリー大平原）まで征服しました。800年、カールはローマ皇帝の地位を得ます。戴冠式は、東ローマ帝国と対立するローマ教皇レオ3世が行いました。

王国の分割とスイス

カール大帝が814年に死ぬと、フランク王国は三男のルートヴィヒが引き継ぎます。しかしルートヴィヒが840年に死亡し、彼の息子たちは領土をめぐって争いました。最終的にフランク王国は、843年のヴェルダン条約で、中部フランク王国、東フランク王国、西フランク王国の3つに分かれます。

855年、中部フランク国王ロタール1世が死ぬと、ふたたび争いが生じました。そこで870年にメルセン条約が結ばれ、東フランク国王ルートヴィヒ2世と西フランク国王シャルル2世が中部フランク王国の一部を分割し、それぞれ編入します。

ロタール1世の息子ロドヴィコ2世は、残った部分をイタリア王国として統治することを許されました。こうして、現在のドイツ（東フランク王国）、フランス（西フランク王国）、イタリアの原型ができたのです。

その後のスイス誕生の地は、東フランク王国に属していました。東フランク国王ルートヴィヒ2世は、在地の貴族が土地を獲得して力をつけないように、ザンクト・ガレン修道院などに土地を寄進しました。政治において重要な北部のチューリヒには、フラウミュンスター女子修道院を建設します。

９１１年、東フランク王国のカロリング家が断絶すると、地方の貴族たちが独立しようとしました。王国の分裂を防ぐため、力をもっている貴族が主導して国王を選ぶ選挙を実施し、フランケン公コンラート1世を王位につけます。

このころ、アレマン公国だった地域では、地方貴族が力をつけ、シュヴァーベン公国を打ち立てました。当時の東フランク国王だったザクセン朝のハインリヒ1世は、９１9年にシュヴァーベン公を服従させたものの、公国の存在は許します。

スイス西部でも、地方の貴族が台頭《たいとう》していました。9世紀後半にはヴェルフェン分家が自立し、現在のスイス西部を中心に高地ブルグント王国が成立します。

同じ時期、ヴィエンヌ伯家も自立し、現在のフランス南東部を中心に低地ブルグント王国が成立しました。

10世紀初頭、カルパチア盆地に定着したマジャール人（ハンガリー人）が西ヨーロッパ各地を襲撃します。スイスでは、９１7年にバーゼルが破壊され、ザンクト・ガレン修道院とライナウ修道院も放火されました。

９３３年、高地ブルグント王国のルドルフ２世が、低地ブルグント王国を併合し、ブルグント王国が成立します。６世紀に滅んだブルグント王国と区別するため、首都のアルルにちなんでアルル王国とも呼ばれました。

フランク王国の分割

ヴェルダン条約（843年）

メルセン条約（870年）

その後、ブルグント王国は南からイスラム教徒の襲撃を受けます。イスラム教徒はスイス西部にまで進出し、940年にサン・モーリス修道院を襲撃しました。

神聖ローマ帝国

ハインリヒ1世が936年に死去すると、息子のオットー1世（大帝）が東フランク国王になります。彼は、ブルグント王国やイタリア王国を積極的に攻撃しました。

950年にイタリア国王ロタール2世が死んだあと、イヴレーア辺境伯ベレンガリオ2世がイタリア国王を勝手に名乗り、ロタール2世の妃アーデルハイトを幽閉する事件が起きます。

オットー1世は951年、イタリアに遠征してアーデルハイトを解放しました。そしてアーデルハイトをみずから

そのころ、日本では？

平安時代の中期、関東には都から派遣された平氏や源氏の子孫が定住し、初期の武士となります。現在の茨城県と千葉県を地盤とする平将門《たいらのまさかど》は「新皇」を名乗って朝廷からの独立をはかりましたが、平貞盛《さだもり》、藤原秀郷《ひでさと》らによって940年に討伐されます。

の妃《きさき》とし、イタリア国王となります。

オットー1世は、955年にレヒフェルトの戦いでマジャール人を打ち破り、カルパチア盆地におしもどして西ヨーロッパの安全を確保したため、名声を高めました。

イタリア半島では、イヴレーア辺境伯ベレンガリオ2世が教皇ヨハネス12世を攻撃していました。オットー1世は962年、教皇ヨハネス12世を援助するためふたたびイタリアへ遠征し、ローマに入りました。ヨハネス12世はこのことに感謝し、オットー1世にローマ皇帝の冠をあたえます。こうしてオットー1世は皇

帝となり、神聖ローマ帝国が成立しました。

ブルグント王国はオットー1世の干渉を受け、神聖ローマ帝国に服属します。独立は維持したものの、国内で力をもつ貴族の反乱が多く、政治は安定しませんでした。1032年には国王ルドルフ3世が死去し、王家は断絶します。そして1033年、ザーリアー家の皇帝コンラート2世がブルグント国王を兼ねることになり、現在のスイス全域が神聖ローマ帝国に支配されました。

叙任権闘争とツェーリンゲン家の台頭

カトリック教会は、頂点のローマ教皇から村の教会の聖職者まで、きびしい位階のある組織になっていました。しかし、中世ヨーロッパでは、司教や修道院長など地位の高い聖職者を任命する権利（叙任権）が教会ではなく皇帝や国王などの権力者にあたえられていたのです。

そのほかにも、お金を払えば聖職に就けるなど、教会には不正がはびこっていました。これを問題視した教皇グレゴリウス7世は、1075年に聖職者ではない人物による司

11世紀のスイス周辺

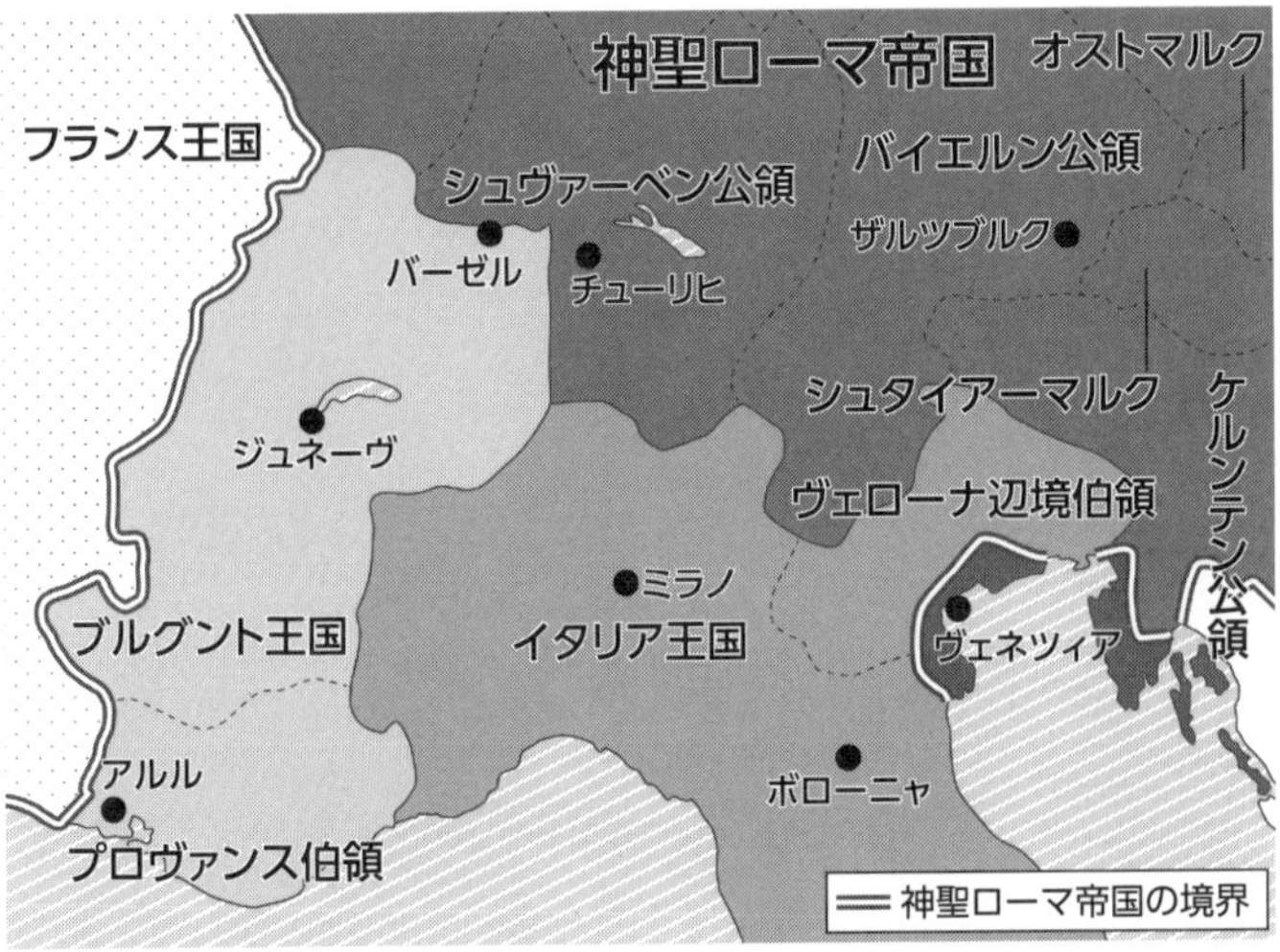

教・修道院長の任命を禁止しました。叙任権は領土内の教会と信徒を掌握するうえで重要でした。ドイツ国王ハインリヒ4世は、いまだローマ教皇から正式な戴冠を受けて神聖ローマ皇帝になっていませんでしたが、グレゴリウス7世の改革に強く反対し、皇帝と教皇のはげしい闘争を招きます（叙任権闘争）。

両者の対立は激化し、1076年、教皇グレゴリウス7世はハインリヒ4世の破門を宣言しました。

ハインリヒ4世が破門されたさい、ドイツ国王による支配に反発していた諸侯は、ラインフェルデン家のシュヴァーベン公ルドルフを対立国王に選出しました。

1077年、ハインリヒ4世はカノッサ城を訪れ、雪の降るなか、はだしでグレゴリウス7世に許しを乞《こ》います。グレゴリウス7世はハインリヒ4世を許し、破門を取り消しました。この事件は「カノッサの屈辱」と呼ばれます。

その後、ハインリヒ4世はドイツにもどると、対立国王ルドルフのシュヴァーベン公位を奪《うば》いました。かわりに、ドイツ南部の国王派の貴族シュタウフェン（ホーエンシュタウフェン）家にこの地位をあたえます。

ルドルフは1080年のエルスターの戦いで重傷を負って死亡し、10年後にラインフェルデン家は断絶します。ラインフェルデン家の土地は、ドイツ西南部の貴族ツェーリンゲン家のものになりました。ツェーリンゲン家はシュヴァーベン公を名乗ることを皇帝に許され、スイス西部も支配しました。

ハプスブルク家の勢力拡大

ツェーリンゲン家は、ドイツ西南部とスイス各地に都市を建設します。スイスではフリブール（フライブルク）、ムルテン（モラ）、ブルクドルフ、ベルン、トゥーンなどがあります。ツェーリンゲン家は1173年に、チューリヒとウーリを治める帝国の代官に任命され、スイス東部まで進出します。

1200年ごろ、ザンクト・ゴットハルト（サン・ゴッタルド）峠道が開通し、スイス中部からイタリアに抜けるルートが開かれました。これはドイツとイタリアを最短でつなぐルートだったため、街道沿いの村や都市は発展していきます。

1218年、ツェーリンゲン家の当主ベルトルト5世が後継ぎを残さず死亡したため、家系が断絶しました。ツェーリンゲン家が支配していた土地の一部は皇帝に返還され、チューリヒ、ベルン、ゾロトゥルンは皇帝に直接仕えることで一定の自治を許される「帝国都市」となりました。なお、ツェーリンゲン家の領地の一部は、トゥールガウのキーブルク伯家の手にわたりました。

ホーエンシュタウフェン家出身の皇帝フリードリヒ2世はキーブルク伯家を警戒し、ウーリの代官職をアルザスから出た貴族ハプスブルク家にあたえます。ウーリは、ザンクト・ゴットハルト峠道の開通によって発展していた地域です。

ザンクト・ゴットハルト峠道開通後の交易ルート

❶ブルゴーニュ、フランス方面　❷ネーデルラント、イギリス方面
❸オーバーライン地方、ネーデルラント、イギリス方面
❹ニュルンベルク、ハンザ諸都市方面　❺フィレンツェ、ローマ方面

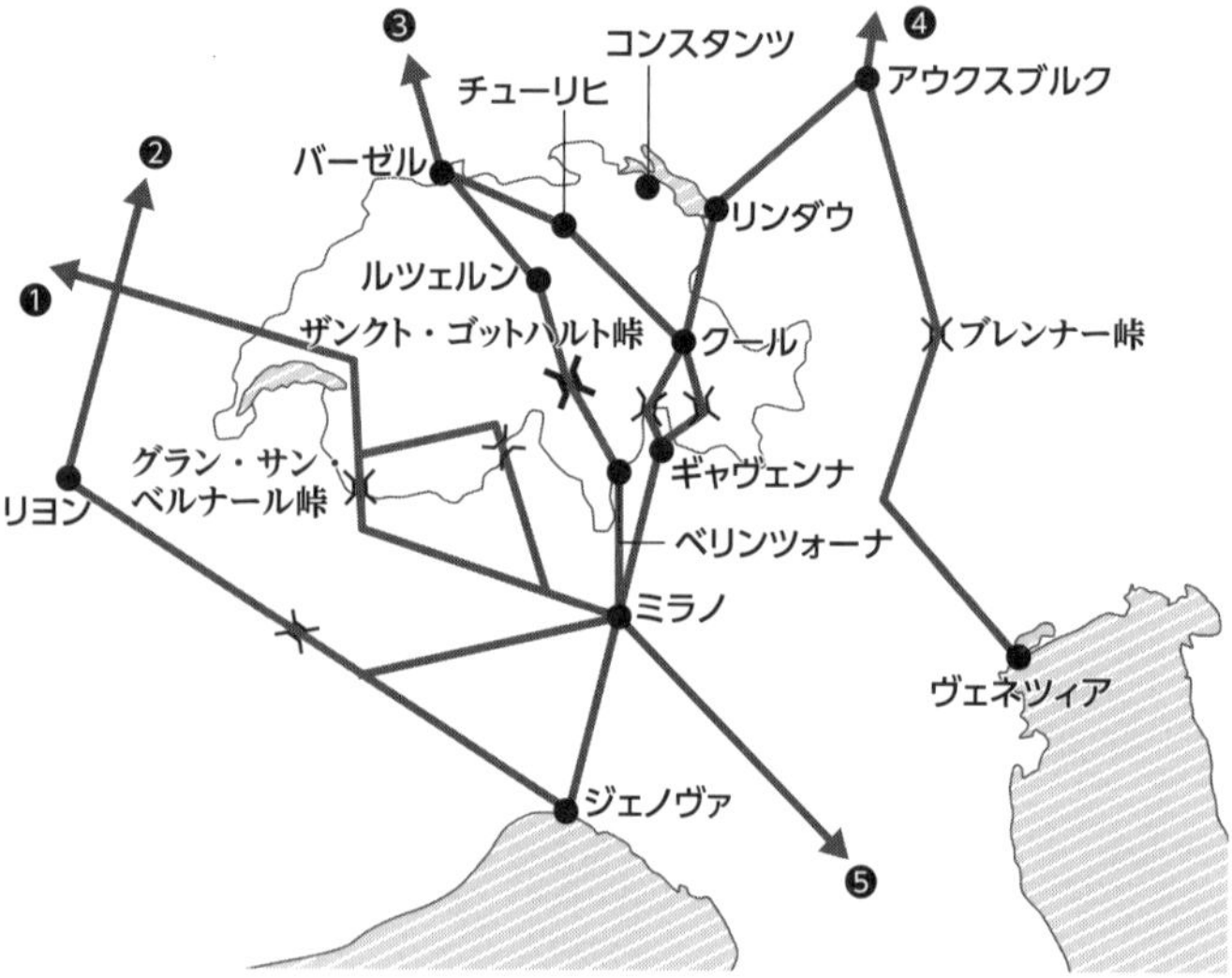

神聖ローマ帝国では、フリードリヒ2世の子であるコンラート4世が1254年に後継ぎを残さずに死去します。しかし、つぎのドイツ国王・神聖ローマ皇帝の選出が難航し、国王・皇帝がいない「大空位時代」がはじまりました。

1264年にはキーブルク伯家が断絶し、その所領の多くはハプスブルク家にあたえられます。こうしてハプスブルク家は、アルザ

スからスイス中部に至る広大な領地を得ました。

そのころ、プシェミスル家のボヘミア王オタカル2世やカペー家のフランス王フィリップ3世などがドイツの王位と皇帝の座をねらっていました。しかし、ドイツの諸侯は強力な国王が現れることを嫌い、1273年、弱小と考えられていたハプスブルク家のルドルフ1世を選びます。これは、ドイツ国王を選ぶ選挙権をもつ「選帝侯」たちが出した結論です。

1278年、ルドルフ1世はオタカル2世と戦って勝利し、オーストリア方面の領地を得ました。その後、ハプスブルク家は本拠地をスイスのアールガウにあるハプスブルク城からウィーンの居城ホーフブルクに移します。

ハプスブルク本家が去ったあとのスイスでは、ハプスブルク・ラウフェンブルク家がスイス中部を中心に支配を広

そのころ、日本では？

日本と接する中国大陸ではモンゴル人による王朝の元《げん》（大元ウルス）が成立し、1274年（文永《ぶんえい》の役《えき》）と1281年（弘安《こうあん》の役）に日本に侵攻しましたが、失敗に終わります。当時の鎌倉幕府は元との正式な国交を結びませんでしたが、民間の商人や僧侶《そうりょ》は元の人びとともさかんに交流しました。

げていきました。

自由特許状

ザンクト・ゴットハルト峠道にある渓谷地《けいこくち》ウーリは、それ以前からハプスブルク家の支配下にあり、その代官によって統治されていました。ウーリの人びとは、ハプスブルク家による徴税や徴兵、裁判などから逃れるために資金を出しあい、みずからの自由と自治を得ようとしました。

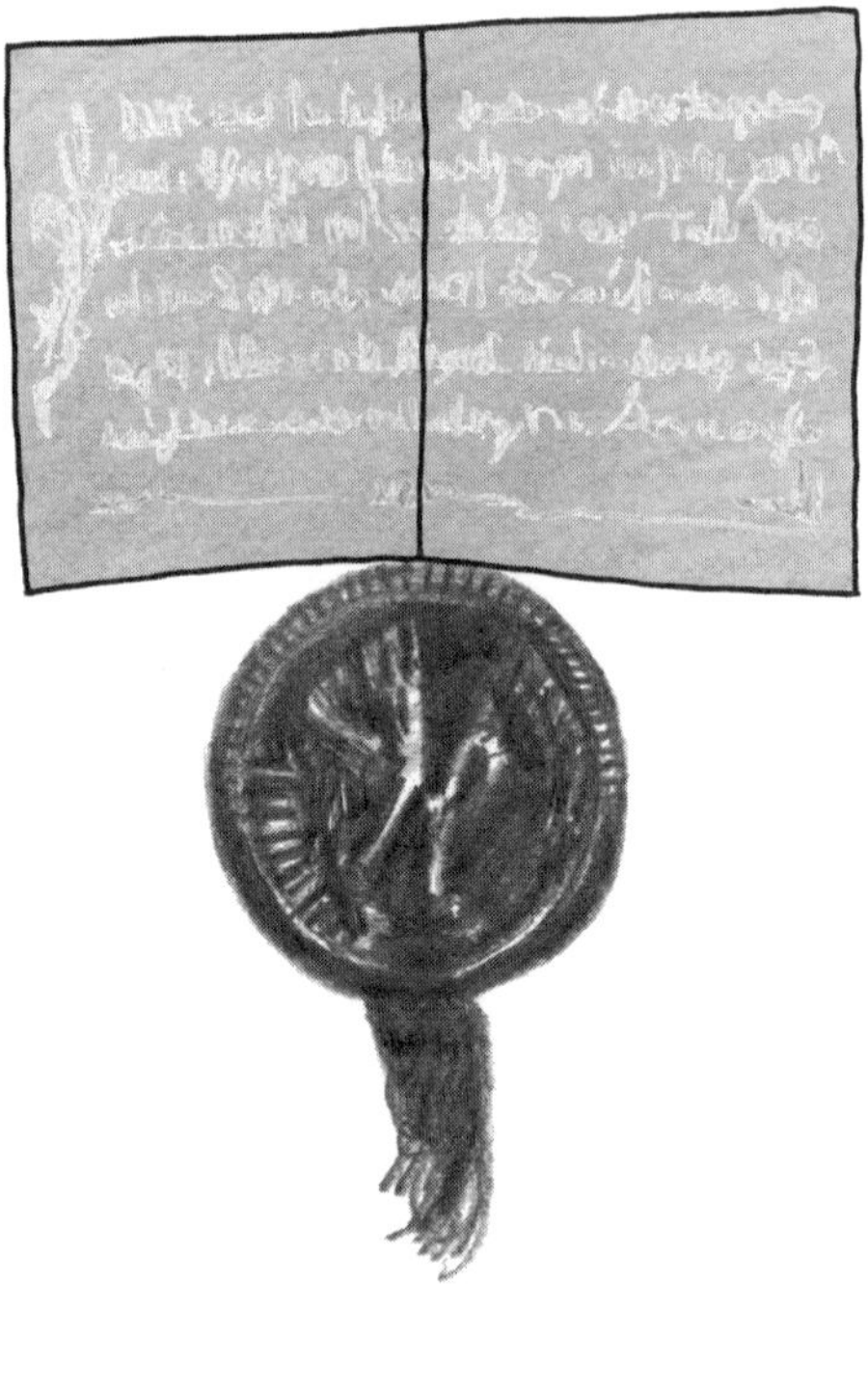

当時、あらたな交易ルートを求めていたホーエンシュタウフェン家のドイツ国王ハインリヒ（7世）は、1231年にウーリに「自由特許状」をあたえることにしました。これにより、ウーリは「帝国直属」の地位を得て、皇帝・国王以外の貴族の支配を受け

ない権利を手に入れます。具体的には、帝国税の徴収と帝国による徴兵、重罪犯の裁判以外の自治が許されました。

　ウーリと同じくハプスブルク家の領地だったシュヴィーツも、イタリアで戦うホーエンシュタウフェン家の皇帝フリードリヒ2世に援軍を送った功績が認められ、1240年に自由特許状を獲得しました。

　ウンターヴァルデン（ニートヴァルデンとオプヴァルデン）も、ハプスブルク家の支配から脱しようとして自由特許状を求めましたが、地方貴族や修道院の支配権に影響され、1309年まで実現しませんでした。

ひみつコラム

スイスの世界遺産

みる者を圧倒する大自然と地道な人間の営み

スイスには2023年の段階で13の世界遺産があります。なんといってもスイスらしいのは自然遺産です。たとえば氷河地帯スイスアルプス・ユングフラウ・アレッチはヨーロッパ最長といわれ、源流の標高は3800メートル。19世紀から世界各地の登山客やスキーヤーに愛されてきました。しかし近年は地球温暖化の影響で氷河は小さくなっています。もうひとつ自然遺産をあげれば、イタリアとの国境にまたがる標高1096メートルのサン・ジョルジオ山があります。ここは2億5000万年以上前には海中にありました。そのため海底の石灰質の泥のなかに魚類やアンモナイト、恐竜の祖先といわれる大型爬虫類の化石が保存されており、1万点以上が発掘されています。

スイス南部には自然と文明の共存が評価された世界遺産があります。レーティシュ鉄道アルブラ線・ベルニナ線と周辺の景観です。ここでは19世紀末から発達した高度な鉄

ゴシック様式の大聖堂

ラントヴァッサー橋

道技術と山岳地帯の自然環境が溶けあっています。196もの橋と55ものトンネルがあります。とくに100年以上前に築かれた石造のラントヴァッサー橋（高さ65メートル、長さ142メートル）が絶景スポットです。

中世にさかのぼる小さな都市も世界遺産に指定されています。とくにベルン旧市街は、1218年に築かれた時計塔、1421年から400年以上かかって完成したゴシック様式の大聖堂、街路の両側にある石造のアーケードなどで有名です。

なおスイスには無形文化遺産も多く、農村部に残る牛の放牧期（アルプセゾン）の伝統行事や、都市部を中心とした機械式時計の職人の技能などが指定されています。

知れば知るほどおもしろいスイスの偉人❶

ベルンの町を建設した公爵

ベルトルト5世(ツェーリンゲン公)

Berthold V

(1160 ～ 1218 年)

捕らえた熊が市の象徴に

ツェーリンゲン公家は、ドイツ西南部のシュヴァーベン出身の有力な貴族でした。この一族に生まれたベルトルト５世は、現在のスイス西北部に勢力を広げ、1191年に都市ベルンを建設しました。

ベルンの名は、ベルトルト５世が近隣の森で狩りをしたとき、最初に出くわした動物である熊《くま》（スイスのドイツ語でベール）に由来するといわれます。古いケルト語での「深い淵《ふち》」（ベルナ）からきているという説もありますが、熊はベルンの紋章に用いられ、市民に愛されてきました。ツェーリンゲン家の城館の跡には熊を従えたベルトルト５世の銅像があります。近くの熊公園は、明治期に欧米諸国を歴訪した日本の岩倉使節団も見学しています。ベルトルト５世が死去したとき、後継者がいなかったのでツェーリンゲン家は断絶し、ベルンは神聖ローマ帝国に属する帝国都市となりました。

chapter 2

同盟国家の強化と拡大

永久同盟

ハプスブルク家から出た最初の皇帝ルドルフ1世が、1291年7月に死去します。すると、神聖ローマ帝国の各地でハプスブルク家に対する反乱が起きます。「原初三邦」とも呼ばれるウーリ、シュヴィーツ、ウンターヴァルデンの代表者たちは、1291年の夏に「永久同盟」を結びました。厳密には、ウンターヴァルデンのうちニートヴァルデンが先に同盟を結び、オプヴァルデンはのちに参加します。この同盟はスイス国家の起源とされ、19世紀末から8月1日がスイス建国の日とされています。

永久同盟は、共同体のいずれかが外部からの攻撃を受けた場合、同盟のメンバーである「盟約者」がみず

「永久同盟」時の原初三邦

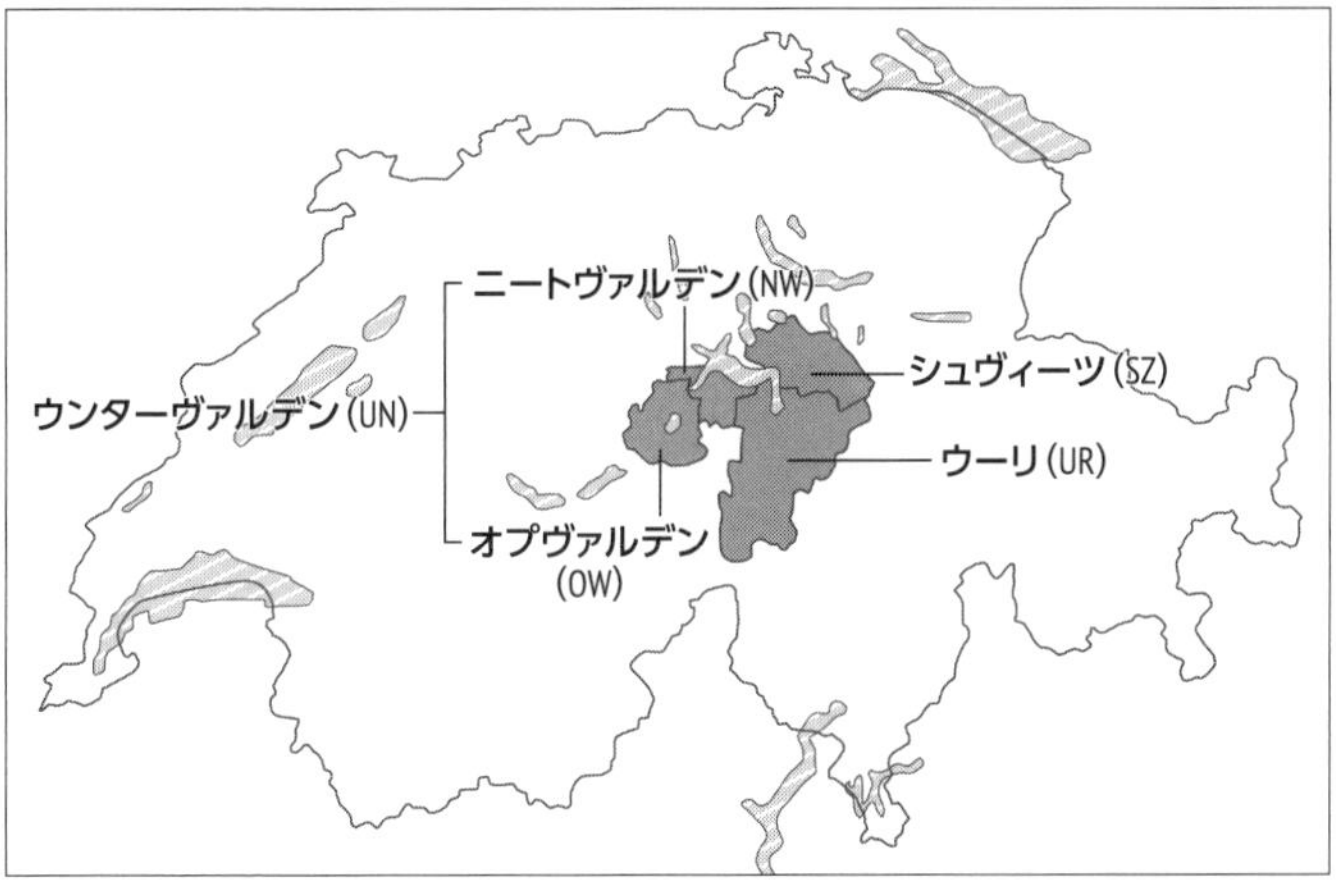

からの費用で援助を行うことを義務づけています。また、盟約者どうしで争いが起きた場合、内部の裁判官の判決のみに従うことも規定しています。これは、ハプスブルク家などの貴族が盟約者内の争いに介入することを防ぐためでした。ただし永久同盟は、すべての貴族の追放をめざすものではなく、古くから共同体内部にいる貴族たちを味方につけていました。

ところで、原初三邦の戦いの先頭に立った人物としてヴィルヘルム・テル（英語でウィリアム・テル）の名が広く知られています。テルは伝説上の英雄であり、実在しなかったといわれていますが、いまでも多くのスイス人に親しまれています。日本には明治時代の自由民権運動のなかで紹介され、民主主義のモデルとしてのスイスへの関心を高める役割を果たしました。

モルガルテンの戦い

ルドルフ1世の死後、息子アルブレヒトはドイツ国王の座に就くことができず、1292年にナッサウ伯アドルフが選挙でドイツ国王に選ばれます。彼は原初三邦と連携し、ウーリやシュヴィーツの自由と自治を認めました。その後、1298年にハプスブルク家のアルブレヒトが巻き返しに成功し、ドイツ国王に選出されます。

アルブレヒトは領地の支配を強化しましたが、相続地の分与《ぶんよ》をめぐって甥《おい》のヨハンと対立しました。そして1308年、アルブレヒトは、スイスで起きていた反乱の鎮圧に向かう途中、ヨハンとその仲間によって殺害されます。

アルブレヒトには数人の息子がいましたが、ハプスブルク家の勢力が広がることを恐れた選帝侯たちはルクセンブルク家のハインリヒ7世をドイツ国王に選出しました。ハインリヒ7世は、ハプスブルク家の勢力をザンクト・ゴットハルト峠一帯から排除するために、１３０９年にウンターヴァルデンに「自由特許状」をあたえました。こうして原初三邦は、ハプスブルク家からの自由を保障されました。

　ハインリヒ7世が１３１３年に死ぬと、国王選挙が行われ、バイエルン公のルートヴィヒ4世とハプスブルク家のフリードリヒ3世（美王）が対立します。原初三邦はルートヴィヒを支持したため、ハプスブルク家との関係が悪化しました。

　１３１５年の秋、フリードリヒの弟レオポルト1世率いる騎士団が原初三邦に攻撃をしかけます。スイスのモルガルテンの山中を進んでいる途中、ウーリとシュヴィーツの農民兵は奇襲をかけます。騎士たちは農民兵の投石や斧槍《ふそう》による不意打ちによって混乱し、その多くが坂の下の湖に転落しま

した。戦いはハプスブルク側の完敗に終わりました（モルガルテンの戦い）。

都市ルツェルンの住民もハプスブルク家に従属する立場だったため、原初三邦との戦いに動員されます。しかし、ウーリとの商業取引ができなくなり経済的な損失があったため、しだいにルツェルンの住民はハプスブルク家への反発を強めていきました。

同盟の拡大

原初三邦は、１３１５年12月に永久同盟を更新します。このとき、各邦が無断で新しい領主を迎えたり、協定を結んだりしてはならないという事項が追加されました。これにより原初三邦は、共同の外交と立法を行う体制を築くことになります。

１３３２年、ハプスブルク家の支配下にあった都市ルツェルンが同盟に加わりました。ハプスブルク家に対して自治の拡大を求めていたルツェルンの市民は原初三邦に接近し、同盟を成立させたのです。原初三邦にルツェルンを加えた四邦を「森林四邦」と呼ぶこともあります。同盟を結ぶさいの文書では、ハプスブルク家がもつ権利を認めつつ、同盟内で援助しあうことを約束し、同盟内での合意がないまま新しく同盟を結ぶことを禁止しました。

一方、ツェーリンゲン家が断絶した1218年に帝国都市となっていたチューリヒでは自治が進み、市内の織物業とアルプスの南北を結ぶ中継貿易によって繁栄がもたらされました。しかし、チューリヒの政治はハプスブルク家に従う大商人や貴族に支配されていたため、中小の商人や手工業者は不満を抱きます。1336年に市民がツンフト（職業組合）革命を起こし、13の手工業者・小商人団体の代表者を市参事会に送りこむ体制をつくりました。

チューリヒは当時のオーストリア公アルブレヒト2世による攻撃を恐れ、森林四邦に近づいて1351年5月にあらたに「チューリヒ同盟」を結びます。この同盟は、森林四邦側にもチューリヒ側にも別の同盟を結ぶ自由を認めていたため、ほかの都市にも森林四邦と軍事同盟を結ぶメリ

そのころ、日本では？

後醍醐《ごだいご》天皇は皇位継承をめぐる問題から鎌倉幕府と敵対し、楠木正成《くすのきまさしげ》、足利高氏《あしかがたかうじ》（尊氏）、新田義貞《にったよしさだ》らの協力によって1333年に幕府を打倒したのち、みずから政治を主導して「建武の新政」をはじめます。しかし、尊氏の離反によって戦乱が生じ、やがて南北朝時代がおとずれます。

ットがあることを示しました。いずれにしても、スイスの同盟組織は、いわゆる農村邦と都市邦がバランスをとりながら基礎を固めていきます。

八邦同盟の時代へ

森林四邦を味方につけたチューリヒは、ハプスブルク領に攻撃をしかけ、ハプスブルク家の勢力下にあったグラールスとツークに同盟への参加をうながします。グラールスでは自治が進んでおり、自由を求める機運が高まっていました。1352年6月上旬、原初三邦およびチューリヒは「グラールス同盟」を結びましたが、それはグラールス側に軍事面での大きな負担を求めるものでした。なお、ハプスブルク家の権利が残っていたルツェルンは、グラールス同盟に直接参加しませんでした。

さらにチューリヒは、チューリヒと森林四邦の中間地点にあるツークのハプスブルク家の拠点に攻撃をしかけ、1352年6月下旬、解放を望む勢力と「ツーク同盟」を結びます。同盟の条件は、チューリヒ同盟とほぼ同じでした。

1353年3月には、ベルンが原初三邦と同盟を結びます。ベルンはツェーリンゲン

盟約者団の8邦

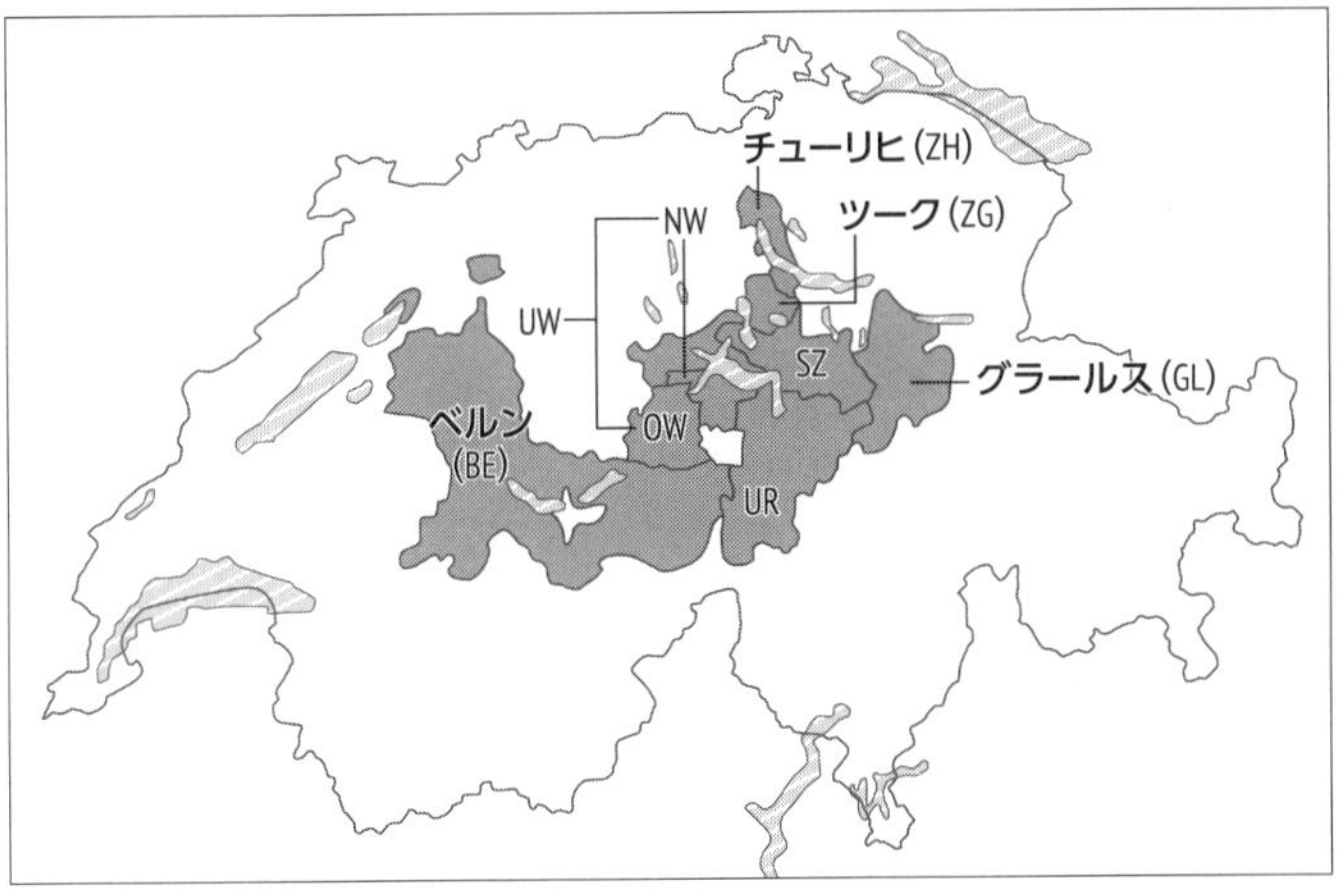

家が断絶した1218年に帝国都市となり、周辺の封建領主やハプスブルク領の貴族たちを相手に戦い、支配領域を拡大していました。

ベルンとの同盟にはさまざまな分野での相互援助が盛りこまれ、共通の会議や仲裁裁判に関する協定もありました。ただし、それらは強制ではありませんでした。なお、チューリヒとルツェルンは同盟契約書の別紙である付属文書に署名しただけでした。また、グラールスとツークは同盟に関与していません。同盟の結びかたはモザイク状だったのです。

ベルンの参加によって、スイスの西部に

も同盟が拡大し、「八邦同盟」の時代がはじまります。この時点で農村邦はグラールスが加わって4つ、都市邦はチューリヒとベルンが加わって3つになりました。ツークは都市と農村部（アムト）がそれぞれ自治を行う複合邦でした。なお、これらの八邦は、自分たちの同盟組織を「盟約者団」と呼ぶようになります。

坊主協定とゼンパハ協定

スイスの八邦はつねにハプスブルク家を警戒していましたが、チューリヒやベルンは戦略的にオーストリアと同盟を結んで協調路線をとります。しかし、ハプスブルク家の勢力がスイスで失った土地の奪還の動きをみせると、ベルンとグラールスをのぞく六邦は対抗措置として1370年に「坊主協定」を結びます。

この協定では、オーストリア臣民であっても盟約者団の領域に住む者には盟約者団に忠誠を誓わせることや、聖職者が訴えられた場合に従来のように教会の裁判所にまかせるのではなく盟約者団内の裁判に服《ふく》させることなどが約束されました。こうして盟約者団は、外部の勢力が敵対的な行動をとりにくい体制を築きます。

ルドルフ4世の弟レオポルト3世がスイス方面への進出を積極的に試《こころ》みると、オーストリアと盟約者団は軍事的に衝突することになります。

1386年7月、ルツェルンと原初三邦の軍勢は、シュヴァーベンやアルザスから侵入してきた4000人のハプスブルク側の騎士軍とルツェルン北西のゼンパハで戦いました。このゼンパハの戦いで盟約者団は、ハプスブルクの騎士団を敗走させます。レオポルト3世は戦死しました。

ところで、そのころのドイツで書かれた年代記などでは盟約者団の土地が「シュヴィーツ」の名で代表されることが多く、これが「スイス」という国名の由来だといわれています。

その後、グラールスの周辺地帯がハプスブルク家との領土争いの舞台になりますが、結局グラールス軍が1388

そのころ、日本では？

能役者の観阿弥《かんあみ》と息子の世阿弥《ぜあみ》は、1374年に京都の今熊《いまくま》野《の》神社で能楽を上演して、室町幕府の第3代将軍である足利義満《よしみつ》から高く評価されます。世阿弥は、歌人《かじん》の紀貫之《きのつらゆき》を題材にした『蟻通《ありどおし》』、平家の亡霊を題材にした『敦盛《あつもり》』ほか数多くの台本を書き、能楽を発展させました。

年にハプスブルクの騎士軍を撃退します（ネーフェルスの戦い）。

翌年、ハプスブルク家はスイス諸邦と休戦協定を結びました。この協定でハプスブルク家は、グラールスだけでなくルツェルンとツークに対する古い特権も放棄します。

1393年7月、8つの邦がすべて参加する「ゼンパハ協定」が結ばれました。この協定は、私的な略奪や暴力行為を禁止するなど、戦闘の共通ルールを定めて盟約者団の結びつきを強めるものです。八邦以外にも、ベルンの同盟都市ゾロトゥルンがこの協定に参加しました。

盟約者団の「従属邦」と「共同支配地」

ハプスブルク家に対するスイス諸邦の勝利は、封建領主の支配からの自由を求める人びとに大きな影響をあたえました。盟約者団は、周辺地域に対する支援を通して影響力を拡大していきます。その例は、スイス東部のフォルダーライン川、ヒンターライン川、イン川の渓谷地帯すなわちグラウビュンデン（ローマ時代のラエティア）にみられます。

この地域には、14世紀後半から15世紀にかけて、平和を維持するための3つの同盟組

3つの同盟

織が成立しました。クール司教の領地にできた司教領同盟、フォルダーライン川の一帯にできた灰色同盟、ダヴォスを中心として生まれた十裁判区同盟です。

灰色同盟は、1400年にグラールスと個別の同盟を結び、グラウビュンデンにあるいくつかの峠道の通行を許可しました。これにより盟約者団は、ザンクト・ゴットハルト峠の東側にも影響力をおよぼすようになりました。

1402年、ウーリの軍隊がミラノ公（ヴィスコンティ家）の支配下にあったティチーノを攻撃し、その北部を一時的に征服します。このことはスイスのイタリア語圏の誕生につながります。一方、1403年にはルツェルン、ウーリ、ウンターヴァルデンがヴァリス（ヴァレー）と保護同盟を結び、ザンクト・ゴットハルト峠の西側に進出します。さらに1410年、ウーリはザンクト・ゴットハルト峠のすぐ北にあるウルゼルンとも保護同盟を結びました。

1411年、スイス北東部ザンクト・ガレン修道院の支配下にあったアペンツェルが、自治を求めてスイス諸邦と10年期限の保護同盟を結びます。翌年、修道院支配下の都市ザンクト・ガレンもスイス諸邦と保護同盟を結びました。

盟約者団と保護同盟を締結した地域の多くは、「従属邦」と呼ばれます。従属邦は盟約者団の正式なメンバーではなく、スイス諸邦が共同で管理している「共同支配地」の経営にも参加できませんでしたが、ほかの地域から戦争をしかけられた場合、盟約者団の軍事力に頼ることができるというメリットがありました。

ところで、14世紀末以降、カトリック教会は混乱しており、ローマ教皇がローマとアヴィニョン、ピサにそれぞれ存在する事態が起きていました。そうしたなか、ルクセンブルク家の皇帝ジギスムントはピサの教皇ヨハネス23世と争っていました。1415年、盟約者団は皇帝の要請により、ピサの教皇を支持していたハプスブルク領のアールガウを攻撃します。盟約者団は、このとき獲得したアールガウの一部を最初の「共同支配地」にしました。その後、スイス各邦の代表がバーデンで「盟約者団会議」を開くようになります。保護同盟・従属邦・共同支配地などに関する緊密な協議が必要になったからです。そうした協議を対等な立場で行う権利のある邦を「主権邦」といいます。

盟約者団の内紛

ウーリの軍勢は1430年代末にティチーノを南下し、ヴィスコンティ家のミラノ公が支配するベリンツォーナに遠征しました。ウーリはベリンツォーナを奪えませんでしたが、かわりにミラノ公の支配に反発するレヴェンティーナを占領し、ミラノ公に担保金を払って獲得します。

ほかのスイス諸邦も、イタリアへ向かう峠道の周辺を確保しようとしたため、邦どうしで争うこともありました。たとえば、チューリヒとシュヴィーツはともに、グラウビュンデンの峠道の交通を安全にするため、グラールスの北に位置するトッゲンブルク伯領南部の地域を確保しようとします。このとき、強大な都市邦チューリヒの南下を恐れたグラールスは、同じ農村邦であるシュヴィーツに味方しました。

盟約者団内の紛争を調停する裁判の結果、シュヴィーツの要求が認められます。しかしチューリヒは納得せず、1436年にシュヴィーツとの戦争（古チューリヒ戦争）をはじめ、オーストリアに援助を求めました。これを受けてオーストリアは、フランスにアルマニャック傭兵団の派遣を求めます。

1444年、アルマニャック傭兵団はザンクト・ヤーコプの戦いでチューリヒに敵対するスイス諸邦の軍勢を打ち破ります。その後、チューリヒ湖でも戦いがあり、軍船を使用する激しい戦闘になりました。

古チューリヒ戦争はチューリヒで穏健派が権力をもった

そのころ、日本では？

室町幕府第６代将軍の足利義教《よしのり》は、関東を治める鎌倉公方《くぼう》の足利持氏《もちうじ》をはじめ、臣下の有力者をつぎつぎと弾圧しました。これに反発した播磨《はりま》（現在の兵庫県の一部）の守護大名である赤松満祐《あかまつみつすけ》らは1441年に「嘉吉《かきつ》の乱」を起こして義教を殺害し、以後の将軍家は急速に権威を失います。

15世紀なかばのスイスとその周辺

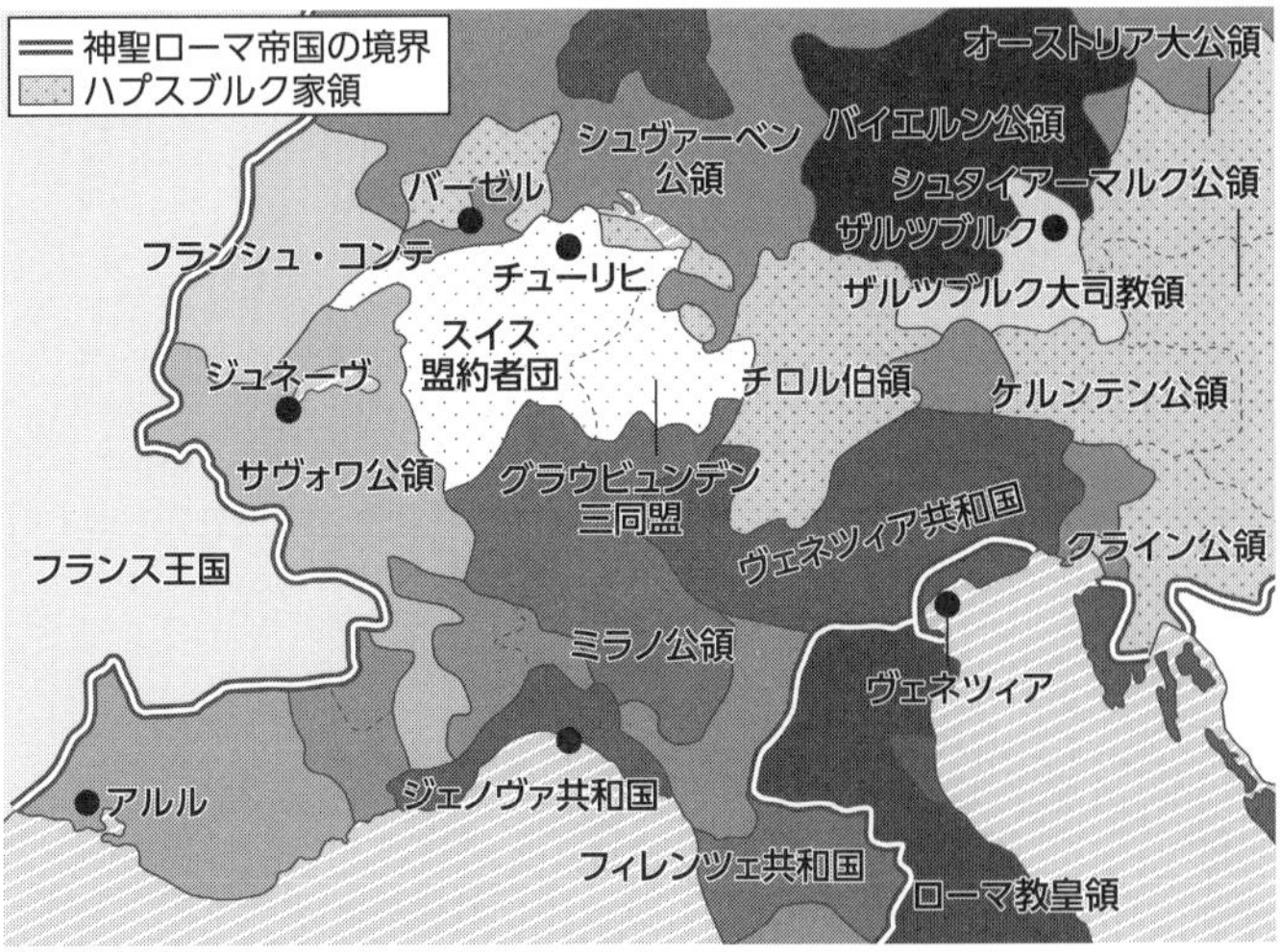

ため、1450年に終わります。トッゲンブルク伯領南部の地域は、シュヴィーツとグラールスの共同支配地となりました。それ以後、チューリヒは諸邦との協調を心がけます。

この時期、盟約者団の影響圏は拡大の一途をたどります。1460年、盟約者団はトゥールガウをハプスブルク家から奪い、共同支配地としました。

南部のグラウビュンデンでは、1471年に司教領同盟、灰色同盟、十裁判区同盟がハプスブルク家の脅威に対抗するために結束を強化し、15世紀末にベルンをのぞくスイス諸邦とそれぞれ協定を結びました。スイス諸邦間の争いはあったものの、しだいに諸邦の連帯は深まり、支配地域と同盟地域も拡大していきました。

ブルゴーニュ戦争

かつてのブルグント王国西部（フランス南東部）はフランス語でブルゴーニュと呼ばれており、15世紀にはヴァロワ家の血を引く公の支配を受けました。15世紀後半に公位についたシャルル（突進公）は領土の拡大に熱心で、フランス国王の臣下でありつつも、ネーデルラント（現在のオランダ、ベルギー、ルクセンブルク）からフランス南東部、地中海方面におよぶ広大な所領を形成しました。

1469年、財政難だったハプスブルク家のオーストリア大公ジークムントは、上アルザスとシュヴァルツヴァルトの所領をシャルル突進公に売却します。シャルル突進公は、この地域をきびしく統治しました。これに耐えかねた上アルザスの諸都市（バーゼル、ストラスブールなど）の人びとが、ハプスブルク領にもどるための運動を起こしました。ジークムント公はこれに応えようとしますが、シャルル突進公が許可しなかったため、諸都市は盟約者団に助けを求めたのです。

オーストリアは、1474年に盟約者団と「永久講和」を結び、ハプスブルク家がスイスで失った所領の放棄を約束し、ブルゴーニュ公との戦争に備えました。盟約者団はヴァロワ本家のフランス国王ルイ11世やロレーヌ公も味方につけました。

一方、ブルゴーニュ公側には、ミラノ公とサヴォワ公がつきました。

1474年10月、フランシュ・コンテ(現在のスイスと国境を接するブルゴーニュ公領の一部)にスイス諸邦の軍勢が攻めこみ、ブルゴーニュ戦争がはじまります。

1476年3月のグランソンの戦いと6月のムルテンの戦いでは、スイス諸邦軍がブルゴーニュ軍を破《やぶ》りました。1477年のナンシーの戦いでも、ロレーヌ軍とスイス諸邦軍がブルゴーニュ軍を破り、シャルル突進公を戦死させます。

男子の継承者がいなかったブルゴーニュ公領は解体され、シャルル突進公の娘が嫁《とつ》いだハプスブルク家に領土の多くが移されました。

ブルゴーニュ戦争は、ヨーロッパ諸国に盟約者団の兵士たちの強さをみせつけました。その結果、諸国は競ってスイス諸邦に傭兵を求めるようになります。こうしてミラノ公やサヴォワ公、オーストリア大公（1457年に公から昇格）、ローマ教皇がスイス諸邦とのあいだで傭兵契約を実現させることになります。フランスとの契約はすでに1474年に結ばれていました。他国に兵力を供給して多額の収入を得るスイスの「傭兵業」の長い伝統は、この時期に生まれたのです。

分裂の危機

そのころスイス諸邦では、都市邦と農村邦の対立がつづいていました。チューリヒやベルンは、ブルゴーニュ戦争での勝利に貢献したゾロトゥルンとフリブールの盟約者団への正式な加入を求めます。しかし農村邦は、発言力の低下を恐れて、都市邦の増加に反対しました。

当時の農村邦の人びとが暴力的だったことも、対立の原因となります。農村邦の人びとは、サヴォワ家の支配下にあるジュネーヴがブルゴーニュ戦争のさいに盟約者団に対し、攻撃をひかえてくれれば代償を支払うという約束を守らないことに腹を立てていました。1477年、ついにウーリとシュヴィーツの怒った兵士たちがスイス西部に侵攻し、ローザンヌやジュネーヴの住民をおどす事件が起きました。

1478年には、ルツェルン領エントレブーフの農民反乱をオプヴァルデンの当局者があおり、反乱のリーダーが

そのころ、日本では？

室町幕府第８代将軍である足利義政《よしまさ》の後継問題から、細川《ほそかわ》勝元《かつもと》と山名宗全《やまなそうぜん》が敵対し、1467年に「応仁《おうにん》の乱」が起きます。戦乱は明確な勝者がないまま1477年に終結しましたが、京都が焼け野原となったため、多くの僧や芸術家が各地に逃れ、地方の文化を発達させました。

処刑される事件も起きました。

　農村邦と都市邦の対立が深まるなか、隠者《いんじゃ》ニクラウス・フォン・フリューエ（オプヴァルデンの元政治家）が仲裁に入って和解を試みました。その結果1481年12月、八邦の「シュタンス協定」が成立します。

　この協定によって、ゾロトゥルンとフリブールは正式に盟約者団に加わることができました。この協定では、盟約者団内の争いのさいに武力を行使しないこと、当局の許可のない集会を禁止すること、盟約者団諸邦の支配地で反乱をあおらないこと

などが定められます。

この時期には盟約者団会議についても、代表者を各邦につき2名とすることや、会議の開催場所をバーデンとすること、議長を出す代表邦をチューリヒにすることなど、制度の整備が進みました。

帝国改革に対抗するスイス

このころ、ハプスブルク家が権力を不動のものにし、フリードリヒ3世以後、神聖ローマ皇帝の地位を独占するようになっていました。同家はもちろん、オーストリア大公でもありました。

1488年には、争いが絶えないシュヴァーベン地方の帝国都市、諸侯、騎士団によるシュヴァーベン同盟が成立します。これには、スイス諸邦の範囲が北方へ広がるのを防ぐ役割もありました。

1495年のヴォルムス帝国議会で、皇帝マクシミリアン1世は帝国改革の実施を宣言します。この改革では、紛争を解決するための帝国最高法院の設置や帝国税の導入が決定されました。

しかし、盟約者団は外部の裁判権に服さない特権があるという立場をとり、マクシミリアンの改革を拒否します。これに対し、ハプスブルク軍が1499年1月にグラウビュンデンに侵攻します（シュヴァーベン戦争）。戦火は各地に飛び火し、シュヴァーベン同盟の軍隊も参戦しますが、スイス諸邦による反撃を受け、最後はドルナハの戦いで完敗します。

その後、1499年9月に結ばれたバーゼル平和条約により、帝国議会で決定された改革が盟約者団には適用されないことが定められました。ただし、神聖ローマ帝国に属したままの邦もあったため、スイスが独立したとはいえません。また、バーゼル平和条約以後に盟約者団に加わった邦には、帝国の裁判が適用されました。それでも、スイスが独自の国家形成への歩みを進めていたことは明らかです。

十三邦時代のはじまり

シュヴァーベン戦争のあと、スイス諸邦はイタリア戦争に介入します。イタリア戦争

十三邦時代のスイス

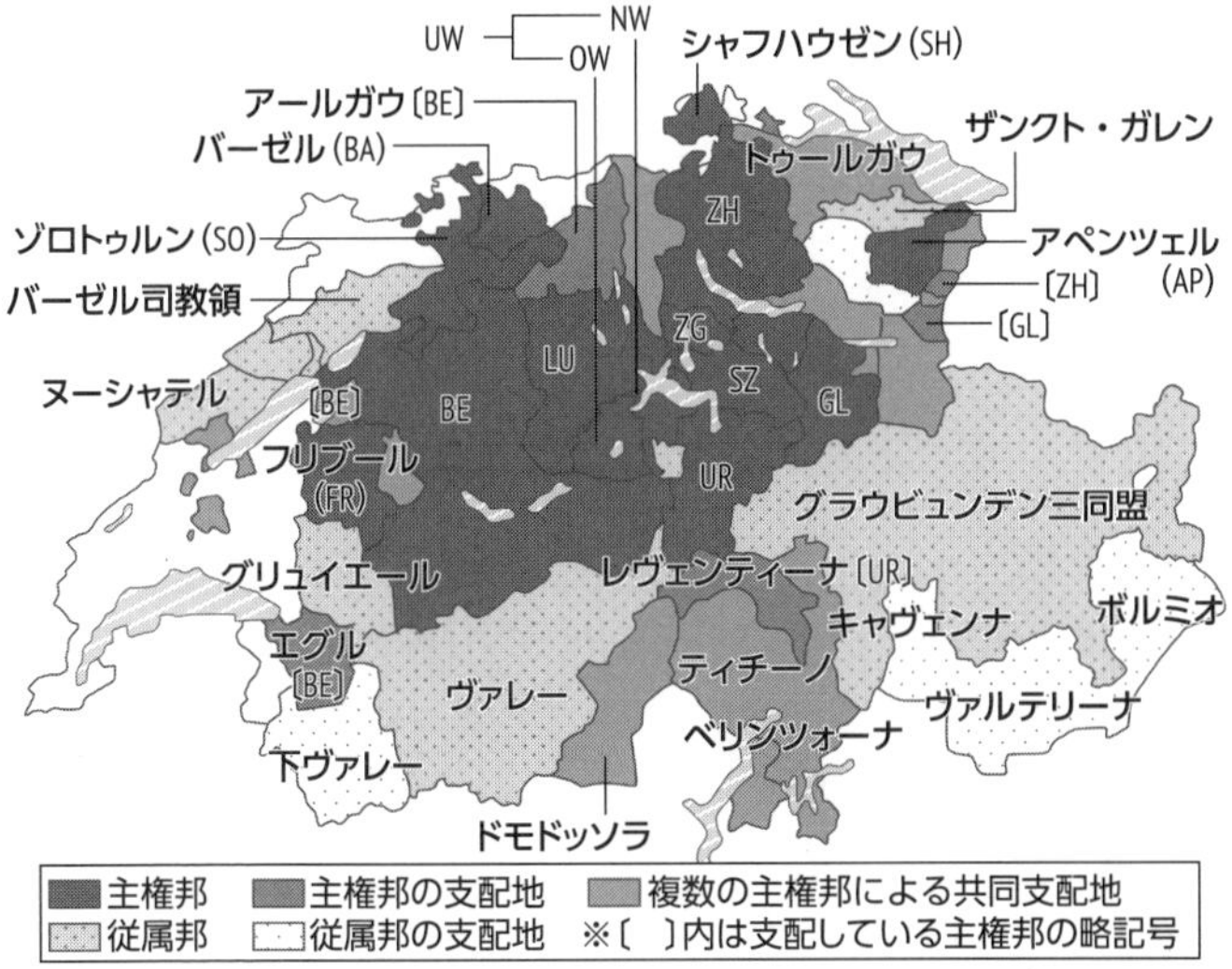

は、ヴァロワ家のフランス国王シャルル8世がイタリア支配をもくろみ、1494年に軍事行動を起こしたことではじまっていました。対抗勢力はローマ教皇庁、ハプスブルク家、北イタリアの諸都市でした。

　スイス諸邦と傭兵契約を結んでいたフランスは、1499年10月にスイス人傭兵を使ってミラノ（公領）を占領しました。しかし、フランス国王ルイ12世が傭兵に対して十分な報酬を支払わなかったため、スイス諸邦はミラノ領ベリンツォーナを占領し、共同支配地とします。フラン

盟約者団の拡大

年	邦名												
	UR	SZ	UW	LU	ZH	GL	ZG	BE	FR	SO	BA	SH	AP
1291	■	■	※										
1315	■	■	■										
1332	■	■	■	■									
1351	■	■	■	■	■								
1352	■	■	■		■	■							
	■	■	■	■	■		■						
1353	■	■	■					■					
1481	■	■	■	■	■	■	■	■	■	■			
1501	■	■	■	■	■	■	■	■	■	■	■		
	■	■	■	■	■	■	■	■	■	■	■	■	
1513	■	■	■	■	■	■	■	■	■	■	■	■	■

※ニートヴァルデンのみ

スはこれを承認し、アルプスの南側に盟約者団の支配地が拡大しました。

1501年6月、バーゼルが盟約者団に加盟します。ただしバーゼルには、盟約者団で内紛が起きた場合、中立を保って仲裁を行う義務がありました。同年8月には、シャフハウゼンも盟約者団に加盟します。シャフハウゼンは長いあいだ従属邦でしたが、シュヴァーベン戦争での働きが認められ、バーゼルとほぼ同じ条件で同盟に加えられました。

1509年、スイス諸邦は金払いの悪いフランスとの傭兵契約を更新せず、翌年ローマ教皇庁と傭兵契約を結びます。１５１１年、教皇ユリウス２世は、北イタリアからフランスの勢力を追い出すためにスイス人傭兵を動員しました。そしてスペイン、ヴェネツィアと「神聖同盟」を結成し、これに神聖ローマ帝国を加え、さらにイギリスとの同盟を支えにして大規模な軍事作戦を展開します。

一方、スイス諸邦は独自の行動を起こし、１５１２年にパヴィーアでフランス軍を破ってミラノ公領を占領し、保護国化します。また同時に、ルガーノ湖に面したルガーノや、マッジョーレ湖に面したロカルノも共同支配地にします。

この時期には、グラウビュンデンもアルプスを越えて北イタリアに侵攻し、ヴァルテリーナ、キャヴェンナ、ボルミオを占領しており、スイス諸邦の領土は最大になりました。なお、１５１３年には従属邦のアペンツェルが正式な邦となります。

こうして「十三邦時代」がはじまりました。内訳《うちわけ》は、都市邦が７（チューリヒ、ベルン、ルツェルン、バーゼル、ゾロトゥルン、フリブール、シャフハウゼン）、農村邦が５（ウーリ、シュヴィーツ、ウンターヴァルデン、グラールス、アペンツェル）、都市と農村をふくむ複合邦が１（ツーク）です。

ひみつコラム

スイスの時計

つねに一歩先を行くテクノロジー

スイスの精密機械工業は、16世紀以降にフランスから技術力の高いユグノーの手工業者たちが移り住んだことでさかんになったとされます。その代表格が時計産業です。山岳地帯で農業に向かないものの、研磨や洗浄に使う水が豊富なジュラ地方やジュネーヴを中心に発達しました。ヌーシャテル生まれの創業者が1775年にパリで創業したブレゲの製品は、正確な永久カレンダーや、動力を生むバネが腕を動かすだけで巻かれる自動巻き機能などを備え、フランス王室をふくむ上流階級のあいだで愛用されました。

19世紀になると諸州は競って時計産業の振興をはかりました。時計技師の学校や大量生産のための工場がつくられ、ロンジン、パテック・フィリップ、オメガ、タグ・ホイヤー、オーデマ・ピゲといった有名メーカーがつぎつぎと創業します。1905年にイギリスのロンドンで創業されたロレックスは、1920年にジュネーヴに本拠地を移

ブレゲ

し、世界初の完全防水時計を発売しました。

1970年代以降は、安価な電子時計（クォーツ時計）が世界的に普及したため、スイスのメーカーは一時的に大打撃を受けました。これに対し、安価な大衆的ブランドを確立しつつ、同時に伝統的な技術による高級商品も開発した結果、スイスの時計産業はもち直します。1983年にはファッション性の高いスウォッチが創業し、コレクターからも人気を得ています。

市場調査会社のディールラボの資料によれば、2022年の世界の時計市場シェア1位はアメリカのアップルですが、2位はロレックス、3位はスウォッチ、4位はリシュモンとスイス企業が全体の約30％を占めています。

知れば知るほどおもしろいスイスの偉人❷

ゼンパハの戦いの伝説の英雄

ヴィンケルリート

Arnold von Winkelried

（?〜1386年）

ひとりでハプスブルク軍に立ちむかう

初期のスイス盟約者団は、たびたびハプスブルク家と衝突しました。1386年7月に起きたゼンパハの戦いもそのひとつです。盟約者団の軍勢は、ハプスブルク軍の長槍部隊に苦戦しますが、盟約者団側の戦士ヴィンケルリートが、「仲間たちよ、妻子のことを頼む」といってひとりだけで前に進み、みずからのその体で槍を受けとめて突破口を開き、盟約者団を勝利に導きます。

ヴィンケルリートの一族はウンターヴァルデンの有力者だったともいわれますが、くわしい経歴は伝わっていません。それでも、16世紀以降、ゼンパハの戦いを題材にした年代記や叙事詩が広まり、国民的な英雄となります。ナポレオンもヴィンケルリートを称賛しました。

ヴィンケルリートの実在は現在も証明されないままですが、スイス人は危機に直面するたびに、独立と自己犠牲の象徴としてこの戦士の物語をふりかえっています。

chapter 3

宗教改革と内部分裂

スイス拡張時代の終わり

イタリア戦争がつづくなか、ヴェネツィアを味方につけたフランス国王フランソワ1世はスイスへの反撃をはじめました。1515年、マリニャーノの戦いでスイス軍は、フランス軍の砲撃によって1万人近い死者を出して敗走します。

この時期、スイス諸邦はローマ教皇庁に傭兵を派遣していましたが、報酬の支払いは滞っていました。そのためスイスでは、しだいにフランス派が勢力を回復していきます。1516年、スイス諸邦はフランスと「永久平和」を結び、ミラノをフランスに引きわたし、アルプスの南の共同支配地（現在のティチーノ）を確保します。

1521年には、スイス諸邦とフランスとのあいだであ

そのころ、日本では？

日本と朝鮮のあいだで15世紀から貿易が活発になりますが、朝鮮に居留する日本人が増加して1510年に朝鮮側との衝突（三浦《さんぽ》の乱）が起き、関係が断絶します。1512年に結ばれた壬申《じんしん》約条で貿易は再開され、公式な寄港地は現在の韓国の昌原《チャンウォン》市にある薺浦《せいほ》（乃而浦《ないじほ》）のみとされました。

らたな傭兵契約同盟が成立しました。フランソワ1世は神聖ローマ皇帝カール5世との戦いにスイス人傭兵を動員します。1522年のビコッカの戦い、1525年のパヴィーアの戦いでは、多数のスイス人傭兵が戦死しました。

ツヴィングリの宗教改革

ヨーロッパの多くの地域において、16世紀に宗教改革が起きます。これは、ドイツの修道士マルティン・ルターがローマ・カトリック教会を批判したことからはじまった運動です。

1515年、ローマ教皇レオ10世は、サン・ピエトロ大聖堂を改築するためにドイツで贖宥状《しょくゆうじょう》の販売をはじめました。1517年、聖書の内容を重んじるルターは、贖宥状の効力に疑問を投げかけ、その販売を批判する『九十五カ条の論題』を発表します。これをきっかけに、教会制度に不満を抱いていた諸侯や市民・農民たちのあいだで、教会への反発の声が広がりました。なお、キリスト教の改革とローマ・カトリック教会からの分離独立を支持した人びとのことをプロテスタント（新教徒）と呼びます。その教えの特徴は、聖書を唯一のよりどころとし、人間の行いではなく神の恩恵と内面の信仰を重視することです。ただし、信仰と行いを一体的にとらえるプロテスタントもいました。

チューリヒでは、ザンクト・ガレン修道院領の農村トッゲンブルク出身のフルドリヒ・ツヴィングリが、宗教改革の中心人物となります。彼はウィーン大学とバーゼル大学で学んだのち、グラールスとアインジーデルンで司祭を務めました。イタリア戦争に従軍司祭として参加したさいに多くの若者が命を落としたり重傷を負ったりするようすを目撃した彼は、傭兵制に強く反対します。スイスを守るための戦いは肯定しても、外国に兵力を売る制度は認めませんでした。

1519年にチューリヒの司祭となったツヴィングリは、傭兵制に反対だったこともあり、民衆の支持を集めます。チューリヒは、1521年のフランスとの傭兵契約同盟には参加しませんでした。

1522年、イエス・キリストが荒野で40日間断食したことに由来する「肉断《にくだ》ち」の期間に、印刷工房の職人たちが重労働に耐えるためにソーセージを食べる事件が起きます。その場にはツヴィングリが同席していました。これがチューリヒの宗教改革のはじまりです。翌年1月、チューリヒ市当局は、約200人の市参事会員と400人の聖職者、コンスタンツ司教の派遣団などを集めて公開討論会を開きました。その結果、市参事会は「聖書のみ」に従った説教を行うべきであると決定し、宗教改革を事実上承認します。

同年10月には第2回の公開討論会を開き、ミサ聖祭や聖画像の廃止を決めました。このとき、急進派のコンラート・グレーベルらとの対立が起きましたが、改革は進みます。聖画像などの教会装飾物が撤去され、

修道院は廃止され、その財産は貧困対策に使われます。

第2回公開討論会のあと、ツヴィングリの教えは農村部やチューリヒ領外に伝わりました。そして、ザンクト・ガレン、バーゼル、シャフハウゼン、ベルン、ビールでも宗教改革がはじまります。いずれの場合も、教義や儀式の改革だけでなく、教会の裁判権や領主権からの解放も求められていました。宗教改革は、グラールス、アペンツェル、グラウビュンデン、ヴァリス（ヴァレー）などの農村部にも波及します。

一方、原初三邦とツークの人びとは、カトリック教会に忠実でした。都市邦のなかでは、フリブールやルツェルンなどが改革を拒《こば》んでいました。

ツヴィングリの方針に満足せず、急進的な改革を求める一派も現れました。彼らは、聖書にない「幼児洗礼」を批判し、信仰告白（キリスト教の信仰を表明すること）をみずから行うことのできる成人だけに洗礼をほどこす立場をとり、「再洗礼派」と呼ばれるようになります。コンラート・グレーベルやフェーリクス・マンツがその指導者でした。なお、チューリヒやベルン、シャフハウゼンなどの都市邦の支配領域（農村部）には、都市への反発から再洗礼派に加わったり、かばったりする住民もいました。

宗教改革派vsカトリック

チューリヒなどの改革派の邦は、1527年以降、すでにツヴィングリの考えを受け入れていた西南ドイツの帝国都市コンスタンツと連携し、「キリスト教都市同盟」を結びます。これに対し、カトリック五邦（原初三邦、ルツェルン、ツーク）は1528年に「キリスト教連合」を結成し、翌年にはオーストリアも連合に迎えます。

同年10月、ベルン領のベルナーオーバーラントの住民が集会を開いてカトリック維持を決議し、ウンターヴァルデンの軍事的支援を受けます。これは、ほかの邦の政治への干渉を禁止したシュタンス協定（1481年）に違反していました。そのため、チューリヒがカトリック五邦に宣戦布告し、両陣営の軍隊はチューリヒとツークの境界地帯で

そのころ、日本では？

室町《むろまち》幕府の管領《かんれい》（将軍の補佐役）である細川高国《ほそかわたかくに》は、九州の商人と結びついた大名の大内義興《おおうちよしおき》を相手に、中国大陸の明《みん》との貿易の利権をめぐって争い、1523年に明の寧波《ニンポー》で双方の船団が衝突する「寧波の乱」が起きます。その後、明との貿易の利権は大内氏が独占しました。

にらみ合います（第一次カッペル戦争）。しかし、グラールスの仲裁で和解が成立しました。このとき、戦闘を回避したことに安堵《あんど》したカトリック側が牛乳を、プロテスタント側がパンをもちより、大鍋に入れていっしょに食べたという伝承があります。

その後に結ばれた平和条約では、両宗派（改革派とカトリック）はおたがいに信仰を強制しないこと、キリスト教連合は解散することなどが約束されます。条約の内容は改革派に有利でした。チューリヒはベルンの支援も受けており、軍事的に優勢だったからです。

カトリック勢力の巻き返し

ヘッセン方伯フィリップの仲介で、聖書の理解が異なるツヴィングリとルターが1529年に会談を開きますが、対立は克服できませんでした。それでも政治的には接近が促進され、チューリヒ、バーゼル、ストラスブール、ヘッセン方伯による同盟関係が生まれます。

1531年、ドイツの福音派《ふくいんは》（宗教改革派）が「シュマルカルデン同盟」を結成しました。この同盟にはヘッセン方伯とストラスブールが参加していたので、スイス内の改革派諸邦とドイツの福音派の結びつきが強化される結果となります。

同年10月、カトリック五邦の奇襲によって、第二次カッペル戦争がはじまりました。この戦いで改革派は敗れ、ツヴィングリは戦死します。その後の平和条約には、各主権邦・従属邦の宗派選択の自由と、両宗派の同権が盛りこまれました。共同支配地に関しては、住民が改革派からカトリックに復帰することが認められましたが、その逆の移行（改宗）は許可されませんでした。この条約にもとづいて、共同支配地では再カトリック化が推進されました。なお、改革派諸邦がヘッセン方伯などと結んでいた同盟は解消させられました。

フランス語圏の改革運動

上述の平和条約はスイス西部に関してなにも決めていなかったので、改革派が自由に行動できました。1532年、ベルンからジュネーヴにフランス出身の改革派指導者ギヨーム・ファレルが派遣されます。ジュネーヴはベルンの支援を受けながら、1536年にサヴォワ公に忠実な司教による支配から抜け出しました。このときベルンは、サヴォワ家領のヴォー地方を占領します。

ヴォー地方の中心都市ローザンヌでは、ベルン市当局の指導で1536年10月に公開討論会が開かれ、宗教改革が進められました。

1536年、フランス人ジャン・カルヴァンが改革派の教えをくわしく記した『キリスト教綱要《こうよう》』をバーゼルで出版しました。ファレルはカルヴァンに、ジュネーヴの宗教改革を応援してほしいと要請します。カルヴァンはこれに応え、ジュネーヴに居《きょ》を移し、

宗派情勢（1530年ごろ）

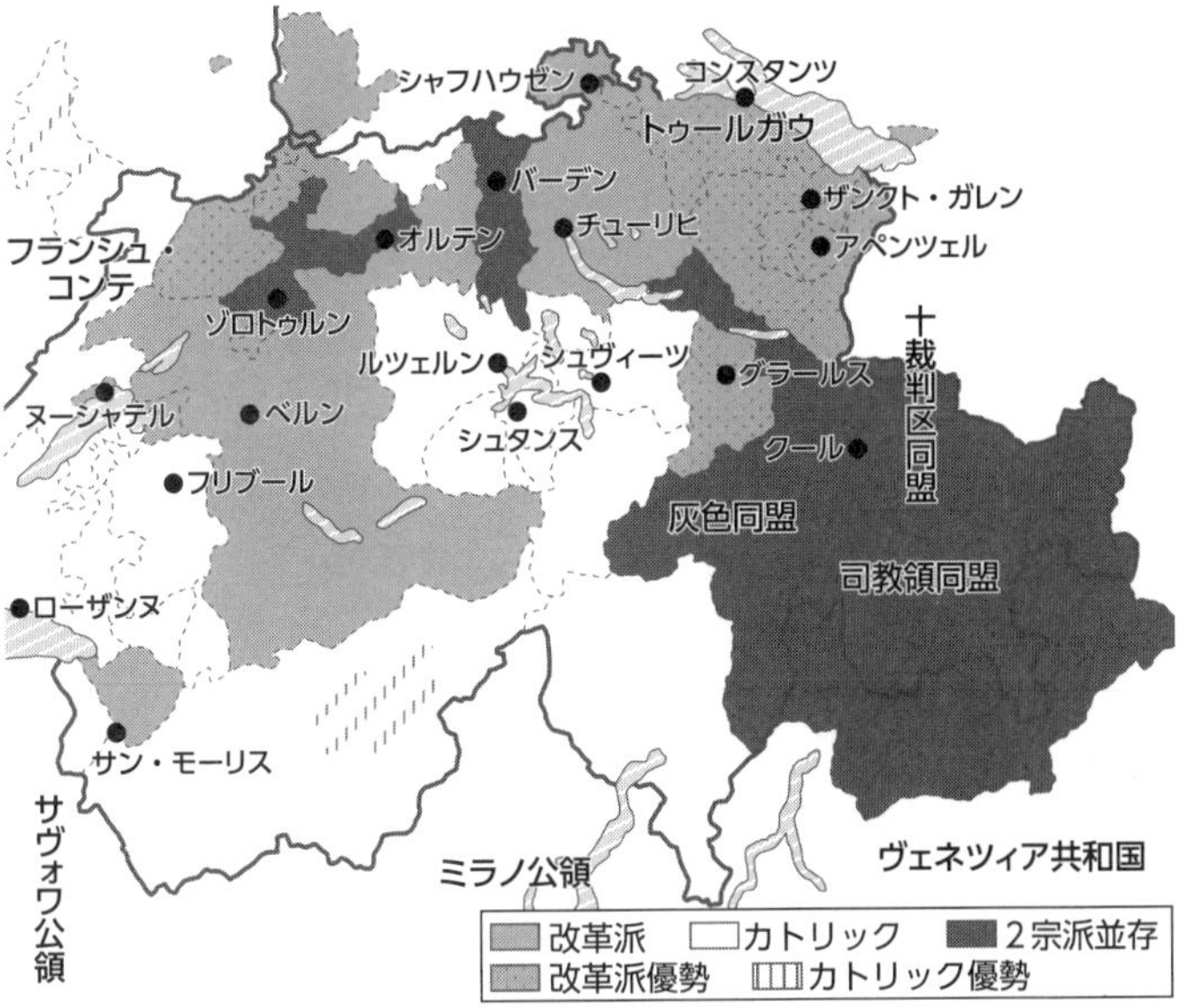

きびしい「教会規則」の制定や「長老会」による指導体制の確立につとめます。カルヴァンの教えの特徴は、神の絶対性を強調し、人間の救いと滅びはあらかじめ神によって定められているという「予定説」を唱えた点にあります。

チューリヒではツヴィングリの死後、ハインリヒ・ブリンガーが指導的な役割を担っていました。ブリンガーが作成した『第一スイス信仰告白』は、ドイツ語圏の改革派に広く読まれます。1549年には『チューリヒ和協書』を作成し、ドイツ語圏とフランス語圏にまたがるスイス改革派の信仰における基本的な一致点を確認しました。

対抗宗教改革

イタリア戦争は、フランスの劣勢のうちに1559年に終結し、フランス王はイタリア支配を断念します。その後、イタリアではスペイン・ハプスブルク家の勢力が拡大していきました。支配権がめまぐるしく移り変わったミラノ公領も、このときにハプスブルク家のものになります。

スイス方面では1560年代にサヴォワ公が力をつけなおし、ベルンに奪われていたレマン湖南岸地域などをとりもどし、再カトリック化を試みます。

改革派の側にも、注目すべき動きがありました。156

そのころ、日本では？

尾張《おわり》（愛知県西部）を支配する大名の織田信長《おだのぶなが》は、隣接する駿河《するが》、遠江《とおとうみ》、三河《みかわ》（静岡県から愛知県東部）を支配下に置く今川義元《いまがわよしもと》を1560年に「桶狭間《おけはざま》の戦い」で破ります。信長はその後、美濃加納《みのかのう》（岐阜県岐阜市）に進出し、「楽《らく》市《いち》」によって経済を活性化させました。

6年にハインリヒ・ブリンガーが『第二スイス信仰告白』をまとめ、改革派の邦と従属邦が署名して団結を示すと同時に、フランスで迫害されていた改革派（ユグノー）への支援にも乗りだしたのです。

1562年にフランス北東部のヴァシーで、カトリック側の兵士が集会中のユグノーを虐殺する事件が発生しました。この事件がきっかけで、フランスでユグノー戦争がはじまります。フランス王シャルル9世は、多数のスイス人傭兵を動員しました。このとき、ルツェルン出身の傭兵隊長ルートヴィヒ・プフィーファーは、シャルル9世の家族をユグノーの襲撃から守り、高い評価を得ます。

ローマ・カトリック教会では、プロテスタントへの対抗の必要もあり、改革を求める声が高まっていました。1545年にはじまったトレント（トリエント）公会議の結果、伝統的なカ

トリックの教えの正しさが再確認される一方、贖宥状の販売禁止や聖職者の質の改善のための具体策（養成機関の整備など）が協議されました。カトリックの改革の試みは中世後期からありましたが、この時期の運動はプロテスタントを強く意識していたため「対抗宗教改革」と呼ばれています。

スイスでも、1570年にミラノ大司教カルロ・ボロメオが来訪したことをきっかけに対抗宗教改革がはじまります。ルツェルンに教皇大使を常駐させることでローマとの関係を深めたり、イグナティウス・デ・ロヨラらが1534年に創始したイエズス会を招いて上層の人びとの教育を促進したりします。また、フランシスコ会から派生した修道会であるカプチン会に一般信徒の指導を託《たく》すなどの改革も試みられました。

一方、イエズス会の神学校では、優秀な聖職者の教育が行われます。ミラノにはスイスからの留学生を受け入れるスイス神学院があり、高度な教育がほどこされました。

三十年戦争とスイス

スイスの改革派のうち、チューリヒとベルンそれぞれがジュネーヴとの保護同盟を1

三十年戦争時代の国際関係

カトリック・ハプスブルク勢力
- 神聖ローマ皇帝（ハプスブルク家）
- バイエルンなどの帝国諸侯
- スペイン（ハプスブルク家）
- ローマ教皇庁
- ポーランド・リトアニア共和国

プロテスタント・反ハプスブルク勢力
- プファルツなどの帝国諸侯
- デンマーク（ルター派）
- オランダ（カルヴァン派）
- イギリス（国教会）
- スウェーデン（ルター派）

カトリックだが反ハプスブルク勢力

フランス（ブルボン家）

武装中立

スイス

584年に成立させ、連携を強化しました。

一方、スイスのカトリック邦は1586年に「黄金同盟」を結びます。さらに翌年、黄金同盟はカトリックの支援に力を入れていたスペイン・ハプスブルク家のフェリペ2世と同盟関係を築きました。

この同盟は、スイスで宗教戦争が起きた場合、スペインから軍事支援と食料支援を受けるかわりに、スペイン軍にスイス領内の通過権をあたえるという内容です。

1602年、ジュネーヴの領有をめざすサヴォワ公はエスカラード（梯子《はしご》作戦）と呼ばれる奇襲をしかけました。しかし、ジュネーヴの市民の抵抗により失敗したため、サヴォワ公はジュネーヴの支配を断念し、ベルンに奪われていたヴォー地方も放棄します。

1618年、ハプスブルク家のボヘミア国王フェルディナントが、支配領域内の人びとにカトリックを信仰するよう義務づけます。これにボヘミアの人びとが反発し、改革派がプラハの市庁舎で皇帝の代理人を窓の外に放り投げるという事件が起きました。

この事件をきっかけにボヘミアの人びとの反乱がはじまり、帝国内の諸侯はカトリックとプロテスタントに分かれて争うことになります。やがてスペインがカトリック側に、デンマークとスウェーデンがプロテスタント側に加勢し、大規模な宗教戦争（三十年戦争）に発展しました。ただしカトリック国フランスがプロテスタント側に味方するなど、宗教戦争とはいえない面もありました。

そのころ、日本では？

江戸《えど》幕府は、領主への服従よりも信仰を優先するキリスト教を禁止して宣教師を追放し、1616年に西洋諸国との貿易港を平戸《ひらど》と長崎に限定したうえで、西洋の貿易相手国を布教を行わないオランダのみとします。さらに1641年には、平戸の商館を閉鎖して貿易港を長崎に限定しました。

この戦争の時代、盟約者団は各国に傭兵を派遣していたものの、戦争には直接参加せず、攻撃を受けた場合は自衛する「武装中立」の立場をとろうとします。

戦禍にみまわれたグラウビュンデン

グラウビュンデンは1471年以来、司教領同盟、灰色同盟、十裁判区同盟という3つの同盟による連合体で、宗派の選択は、それぞれの同盟内の共同体にゆだねられました。17世紀には改革派が人口の3分の2に達していました。カトリック住民の多かったヴァルテリーナでは、改革派の指導者たちが強引にプロテスタント化を進めようとして、カトリックの住民の反発を招いていました。

ヴァルテリーナの改革派の勢力は、1618年にカトリックの司祭や有力者を死刑にします。これに対し、カトリックの住民は、スペイン派と結びついて1620年に改革派の住民たちを虐殺しました。この事件は「聖なる流血」と呼ばれます。

その後、スペイン軍がヴァルテリーナの谷を占領し、自治政府をつくらせました。チューリヒとベルンは改革派を助けるために軍隊を派遣したものの、谷の解放には失敗します。さらに、オーストリアの軍勢が十裁判区同盟の領域の大部分とクール、マイエンフェルトなどを占領しました。ハプスブルク家は、ドイツ各地に軍隊を送りこむルートを求めていたため、ヴァルテリーナの峠道もおさえます。

グラウビュンデンの改革派は、元牧師のイェルク・イェナチュの指導のもと、フランスと交渉しました。そして1624年に、オーストリアに占領された土地とヴァルテリーナの解放のためにフランス軍を介入させます。しかし介入後、フランスはヴァルテリーナをグラウビュンデンに返還しませんでした。

さらに1629年にフランス軍、1631年にオーストリア軍がふたたび侵攻してき

ます。結局、イェナチュはハプスブルク家と密約を結んで1637年にフランス軍を追い出し、1639年にヴァルテリーナの返還を実現させました。そのかわりにイェナチュは、スペインのハプスブルク軍に峠道の通行を許可します。

スイスの独立が国際的に承認される

三十年戦争では、グラウビュンデン以外のスイス諸邦は中立政策をとりました。しかし、改革派側で参戦したスウェーデン軍、フランス軍に多くのスイス人傭兵が参加しています。また、中立の立場だったものの、スイスの領土にはたびたび外国の軍隊が侵入してきました。1646年と1647年にはスウェーデン軍がボーデン湖畔に侵入し、スイスの境界地帯をおびやかします。

危機感を強めた盟約者団はスイス東部の町ヴィールで会議を開き、十三邦の同意を得た防衛軍事協定を締結しました。こうして、十三邦（主権邦）、従属邦、共同支配地による共通の軍事組織の編成が可能になります。戦時中のスイスの武装中立政策は、国際的に評価されました。

ヨーロッパ全体を巻きこんだ三十年戦争は、1648年に終結します。その講和条約として結ばれたウェストファリア条約で、スイスには神聖ローマ帝国からの「分離」が承認されました。帝国はスイス内に残っている支配権の放棄を約束しませんでしたが、これは事実上の独立を意味しました。

三十年戦争中のスイスの経済は、農産物輸出や傭兵契約で好景気でしたが、戦後は不況におちいります。その対策として、1652年にベルンやルツェルンが貨幣の価値を切り下げ、あらたな税金の導入をはかりました。これに対してルツェルン領エントレブーフの農民が暴動を起こしたことをきっかけに、ベルン領エメンタール、ゾロトゥルン、バーゼルの農村部にも反乱が広がります。

農民たちは団結し、1653年4月に宗派を超えた集会を開いて「農民同盟」を結成します。彼らは貨幣の価値の切り下げに対する補償や、臣従地《しんじゅうち》でもランツゲマインデ（家長たちによる住民集会）を開催する権利を求めました。しかし、この反乱は6月に鎮圧され、多くの農民が処罰されます。

この時期、宗派どうしの激しい衝突は起きていませんでしたが、1655年にシュヴィーツ領アルトにひそんでいた改革派の処刑と追放が行われると、情勢は一変します。チューリヒはカトリック諸邦を攻撃し、共同支配地トゥールガウを占領しました。ところが、ベルン軍がフィルメルゲンでカトリック側に敗北し、戦争の続行が難しくなります（第一次フィルメルゲン戦争）。

武装中立の宣言

フランス国王ルイ14世は、盟約者団との傭兵契約同盟を1663年に更新します。傭兵を提供する諸邦にはフランスから多額の契約金が支給されました。また盟約者団の各邦は、フランスから穀物や塩などの必需品を低い関税で自由に輸入する権利を得ます。

ルイ14世はフランスの勢力圏を拡大するために北アメリカ大陸やアジアにも領土を求め、スペイン、オランダ、イギリスなどとの戦争をくり返していました。ルイ14世の在位期間には、12万人以上のスイス人傭兵が動員されたといわれます。

1674年、フランスはスペイン・ハプスブルク領のフランシュ・コンテを占領します。これに対し、スイス諸邦は武装中立を宣言しました。そして、外国の軍隊がスイス領内を通過することを認めない方針をとります。するとフランスは、1681年、チューリヒ、ベルンと同盟関係にあった帝国都市ストラスブールを占領します。ライン川を通じて外部から穀物や塩を輸入するルートもフランスがおさえたため、盟約者団は危機感をおぼえ、結束の強化をはかります。

フランスへの警戒心

フランスの支配階級のあいだではカトリックが多数派でしたが、1598年に「ナントの王令」が出され、カルヴァン派のプロテスタントであるユグノーにも信仰の自由が認められました。

しかし、ルイ14世が1685年にこの王令を廃止したため、ユグノーはカトリックに改宗しないとフランスに留ま

そのころ、日本では？

第５代将軍の徳川綱吉《とくがわつなよし》は殺生を禁じる仏教の影響を強く受け、1685年から数回にわたり、生き物を大事にする法を定めました。それらは「生類憐《しょうるいあわれ》みの令」と総称されます。とくに綱吉の干支《えと》と同じ犬は大事にされ、現在の東京都中野区に設けられた御囲《おかこい》では10万匹が飼育されました。

ることができなくなります。

1700年までに、約2万人のユグノーがスイスに亡命し、定住しました。ユグノーには技術者が多く、チューリヒやバーゼルのツンフト（職業組合）は自分たちの仕事を守るために彼らの受け入れを拒否します。そのため、大部分のユグノーはスイス経由でドイツなどに逃れました。その数は6万人にのぼります。ユグノーへの弾圧と国外追放によって、スイスと近隣のプロテスタント地域は、ますますフランスに対する警戒心を強めます。

そうしたなか、ベルンの西方にあるヌーシャテルを統治していたフランス系の貴族オルレアン・ロングヴィル家が1707年に断絶しました。ルイ14世は、ヌーシャテルをフランスに編入しようと試みます。しかし、プロテスタントだったヌーシャテルの有力者たちは、カトリックを支持するフランス国王による統合を嫌い、プロテスタントであるプロイセン国王フリードリヒ1世を後継者に選びました。フリードリヒはオルレアン・ロングヴィル家の親類であり、継承権がありました。この支配者の交替にもかかわらず、ヌーシャテルはフリブールやベルンとの保護同盟によって武装中立の盟約者団と結びついていました。

最後の宗教戦争

カトリックと改革派の対立は、18世紀に入ってもスイス各地に残っていました。１７１２年、ザンクト・ガレン修道院領トッゲンブルクの改革派が修道院長の圧政に対する反乱を起こします。この反乱をチューリヒとベルンが支援し、第二次フィルメルゲン戦争がはじまります。この戦いで改革派はカトリック軍に勝利します。

その後の平和条約では、共同支配

地においてカトリックと改革派がおたがいを認め、宗派についての問題は両派から同じ数の代表が参加する仲介裁判で処理されることになりました。こうして、スイスでは宗派の問題は話しあいで解決されるようになり、長くつづいた宗教戦争が終わったのです。

そのころヨーロッパは、スペイン・ハプスブルク家の断絶とフランスのブルボン家のスペイン王位継承要求に起因する戦争（スペイン継承戦争）によって動揺していましたが、スイスの地は安全でした。ただし、スイス人傭兵はハプスブルク側とブルボン側の両方に雇われ、たがいに殺しあわなければならなかったので、彼らは戦争の被害者であり、加害者でもありました。

ひみつコラム

スイスの食文化

独自の加工技術で発達したチーズとチョコレート

スイスのチーズは、長期保存と輸出に向いたハードタイプが主流で、圧搾《あっさく》・脱水・熟成の高度な技術によって生産されてきました。スイスには当然、チーズを使ったさまざまな料理があります。日本でも有名なチーズフォンデュは、西南部のヴァレーの郷土料理で、ニンニクで香りづけした鍋にチーズを溶かし、白ワインやキルシュ（さくらんぼの蒸留酒）などを加え、細かく切ったパンをからめて食べます。ラクレットもヴァレー発祥で、香りの強いラクレットチーズを溶かし、じゃがいもやゆでた野菜などにかけて食べます。

ドイツ語圏を中心に食べられているレシュティは、千切《せんぎ》りにしたじゃがいもと玉ねぎをフライパンで炒《いた》めて固める料理で、よく肉料理のつけあわせに使われます。チーズやベーコンを加えることもあります。干し肉やハム、ベーコンなど、保存食として加工さ

フランソワ・ルイ・カイエ

チーズフォンデュ

れた肉を使用する料理も各州にあります。

19世紀以降、スイスの名産品となったのがチョコレートです。その原料のカカオは、南米からヨーロッパに伝わって以来、長らくお菓子ではなく飲み物として消費されていましたが、1819年にスイス人のフランソワ・ルイ・カイエが最初のチョコレート工場をつくり、固形の板チョコレートを広めました。

さらに、1875年にスイス人のダニエル・ペーターが、ネスレの創業者アンリ・ネスレが開発した練乳（コンデンスミルク）とチョコレートを組み合わせ、ミルクチョコレートをつくります。現在、スイス人ひとりあたりの年間チョコレート消費量はおよそ10キログラムで、これは日本の約5倍です。

知れば知るほどおもしろいスイスの偉人❸

医学の変革をもたらした錬金術師

パラケルスス

Philippus Aureolus Paracelsus

（1493～1541年）

民衆に寄りそう実践の人

パラケルススの出身はスイス中央部のアインジーデルンで、本名はテオフラストゥス・ホーエンハイムといいます。青年期にイタリアで医学を学び、バーゼル大学の医学教授などを務め、そのころヨーロッパで猛威をふるっていた黒死病（ペスト）の治療にも従事しました。

当時のヨーロッパではあらゆる学問においてラテン語が使われていましたが、パラケルススは民間医療にも関心をもち、各地を遍歴してドイツ語圏各地の民衆に接した経験があり、大学での講義もドイツ語を用いたといわれます。また、古代ギリシア・ローマ時代の古い理論にかたよった医学を批判し、物質の化学変化や外科手術を重視した新しい医学を唱えます。

神秘的な宇宙論や黄金をつくりだす錬金術も探究していましたが、科学史では近代的な医学・薬学・化学の基礎を築いた人物のひとりとして評価されています。

chapter 4

近代国家の成立

ゆらぐ傭兵制度

18世紀以降のスイスでは、商工業が発達したチューリヒやベルンなどのプロテスタント地域が主導権を握るようになっていきます。ただし、政治的に不安定な地域もありました。ベルンの支配下にあったヴォー地方では、1723年に軍人のダーヴェル少佐がローザンヌで蜂起を呼びかけますが、不発に終わります。ダーヴェルは逮捕されて処刑されますが、のちにヴォーの英雄として評価されました。なお、ダーヴェルは1690年代から傭兵勤務によって軍事的キャリアを積んだ人物です。

チューリヒをのぞく12邦がフランスと結んでいた傭兵契約同盟は、1723年に期限が切れ、改革派諸邦の抵抗により更新されませんでした。ただし、カトリック地域はフランスと個別に協定を結んでおり、プロテスタント地域はイギリスやオランダと個別に契約を交わしていました。1740年にはじまったオーストリア継承戦争にも、スイスの傭兵が動員されます。1748年にオーストリア継承戦争が終結した時点で、7万5000人のスイス人傭兵が各国で活動していました。しかし、各国の軍隊でスイス人傭兵の重要性は低下していきます。この傾向は、スイスにおける初期的な工業化による働き口の増加と関係していきました。

国境を越えた文化交流

スイスでは17世紀後半以降、チューリヒやベルンといったプロテスタント地域と、同じくプロテスタントを信奉するイギリス、オランダ、プロイセンなどとの文化的な交流が進みました。とくに、現在のスイス、フランス、ドイツが接するバーゼルには多くの科学者や文学者が集まり、世界的に知られるスイス出身の文化人も登場します。

バーゼルのベルヌーイ一族は、多くのすぐれた数学者を輩出しています。微分積分の研究で知られるヨハン・ベルヌーイや、液体の動きの法則性を示す「ベルヌーイの定理」を発見し、流体力学を確立したダニエル・ベルヌーイが有名です。

また、数学者レオンハルト・オイラーは、数学・物理学研究で多くの論文を残します。オイラーはバーゼル大学を卒業後、ロシアのサンクト・ペテルブルク科学アカデミーやプロイセンのベルリン科学アカデミーに招かれています。

ベルン出身の解剖学者・植物学者のアルブレヒト・フォン・ハラーは、ゲッティンゲン大学に招かれて教授を務め、人体の構造や筋肉の動きを解明したのち、故郷のベルンで過ごしました。登山家でもあったハラーは、長編詩『アルプス』（1729年）によって山岳の美しさを人びとに伝えました。

フランス語圏ではジュネーヴ出身の地質学者オーラス・ド・ソシュールが地質学的な高山研究を行い、18世紀末に全4巻の『アルプス旅行記』を刊行しました。

長いあいだ、人びとにとってアルプスのけわしい自然は脅威でしたが、ハラーやソシュールによって風景を楽しむ対象となり、やがて多くの登山家たちがアルプスをめざすことになります。

18世紀中期のヨーロッパでは、伝統的な道徳観や身分制

そのころ、日本では？

江戸時代の中期、長崎のオランダ商館にいた人びとを介して蘭学《らんがく》（西洋の実用的な学問）がはじまります。蘭学者の青木《あおき》昆陽《こんよう》は1735年に『蕃薯考《ばんしょこう》』を刊行し、悪天候に強い南米原産の甘藷《かんしょ》（サツマイモ）の栽培を呼びかけ、第8代将軍徳川吉宗《よしむね》に高く評価されました。

度にとらわれず、人間の理性と自由な意志を重んじる啓蒙主義が普及します。スイスの啓蒙《けいもう》主義者として名高いのが、ジュネーヴ出身のジャン・ジャック・ルソーです。1755年、ルソーは文明の発達による格差の拡大を批判する『人間不平等起源論』を刊行し、1762年には自由・平等を実現した国家・社会のあり方を説《と》く『社会契約論』を発表しました。それらはフランスで出版されています。ルソーは体制をおびやかす危険な思想家とみなされましたが、ヨーロッパの多くの人びとに影響をあたえます。なお、ルソーの作品にはアルプスの自然の美しさを描いたものもあり、ヨーロッパ中でアルプス観光の波が起きる一因となりました。

旧体制への挑戦

スイス各地には中世から、市民権のある住民が参加する市民総会や参事会がありましたが、18世紀の段階では市民総会はほとんど開催されなくなり、政治参加の権利をもつ人はごく少数でした。

商工業が発達したジュネーヴには近隣から多くの労働者が集まっており、市民が4つ

ジュネーヴ市民の階層（18世紀）

市民	詳細	政治参加
シトワイヤン	古くからの有力な商工業者・上流市民	小参事会（二十五人会）への参加資格あり
ブルジョワ	時計づくりなどの新しい商工業者	拡大市参事会（二百人会）への参加資格あり
アビタン	市外から移住してきた労働者層	参政権なし
ナティーフ	アビタンの子孫	参政権なし

の階層に分かれていました。古くからの有力な商工業者や上流市民はシトワイヤン、時計づくりなどの新しい商工業者はブルジョワ、市外からあらたに移住してきた労働者層はアビタン、その子孫がナティーフと呼ばれました。このうち、統治の中枢である小参事会（二十五人会）に入る資格があるのはシトワイヤンだけでした。ブルジョワは拡大市参事会（二百人会）に入ることができましたが、アビタンとナティーフには参政権がありません。

18世紀に入ってからブルジョワによる市民総会を復活させるための運動がはじまり、１７３8年に実現しています。ジュネーヴではこれ以後、ブルジョワだけでなくナティーフも政治参加を求めました。

1755年には、ウーリの臣従地レヴェンティーナで反乱が起きますが、弾圧され、首謀者は公開処刑されました。

1761年には、公益の増進と博愛主義の実践を目的とするヘルヴェティア協会が結成されます。スイスを代表するプロテスタント地域の知識人たちに加えて、カトリック圏の啓蒙思想家も参加しました。こうしてスイスでも社会と政治の変革の機運が高まっていきました。

瀕死のライオン像

フランスでは、富裕な商工業者のブルジョワが増え、王侯貴族による支配体制への批判が高まっていました。国王ルイ16世は、アジアや南北アメリカ大陸でのイギリスとの対立が激化するなか、1777年にスイス盟約者団とあらためて傭兵契約を結びます。

1789年7月、課税問題をめぐって貴族階級と衝突したフランス市民の代表は、独自に国民議会を設立し、憲法の制定を求めます。しかし、ルイ16世がこの動きを武力でおさえこんだため、パリの民衆は暴動を起こし、フランス革命がはじまりました。その影響はフランスに隣接するスイスにも広がり、バーゼル、ヴォー、チューリヒ、ザンクト・ガレンなどでも革命運動がはじまります。

1791年、フランスで王権を制限した立憲君主政が導入されます。プロイセン、オーストリアなどは王政による秩序を維持するため、介入をはかります。一方パリでは、武装した市民が、ブルボン家の王族と外国との内通を疑い、1792年8月10日、テュイルリー宮殿を襲撃しました。このとき、国王一家を警護していたスイス人傭兵部隊が壊滅させられます。

のちにルツェルン市内には、このとき戦死したスイス人傭兵をイメージした「瀕死《ひんし》のライオン像」が築かれました。体に槍が刺さったまま、ブルボン家の紋章である百合《ゆり》の花が描かれた楯《たて》を抱えるライオンの像です。

その後1793年にルイ16世が処刑され、フランスは共和政となります。イギリスやオーストリアなどの国ぐには、革命の影響がおよぶことを恐れ、「対仏大同盟」を結成しました。スイスはこのとき中立を維持しますが、フランスは1790年代後半にスイスに軍隊を送りこみます。こうしてスイス全土が革命の動乱に巻きこまれます。

ひとつの国になった？

フランス革命で功績を残した軍人ナポレオン・ボナパルト率いる軍隊が1796年にイタリア北部を占領し、「チザルピーナ共和国」を樹立します。翌年には、グラウビュンデンの臣従地だったヴァルテリーナなどもこの共和国に編入されました。

ヘルヴェティア協会に属するバーゼルの政治家ペーター・オクスは、パリ訪問時にフランス政府からスイスでの革命の推進を要請されます。しかし、オクスはフランス軍の介入を嫌い、1798年1月にバーゼルの体制転覆を武力なしで行います。

この間、スイス各地で保守派の抵抗が起きていましたが、革命勢力はフランスの手引きで1798年4月に「ヘルヴェティア共和国」を発足《ほっそく》させます。この一連の政変をスイス革命（ヘルヴェティア革命）といいます。

ヘルヴェティア共和国では、1795年に制定されたフランスの憲法を参考にしてオクスが用意していた憲法が導入されました。これにより、二院制の議会と5人の総裁をトップとする政府がつくられます。

それまでの各邦の境界は廃止され、はじめてスイス全土がひとつの国家となりました。主権をもつ諸邦の連合体としての盟約者団は解体され、各邦は単なる行政単位としての州（カントン）とされました。

注目されるのは、それまで主権邦の支配下にあった地域がべつべつの州になる一方、原初三邦とツークが合併させられていることで

ヘルヴェティア共和国（1798年）

す。なお、ヘルヴェティア共和国ではフランス語・ドイツ語・イタリア語が公用語と位置づけられています。

あらたな国家が成立したものの、ヘルヴェティア共和国は実質的にフランスが支配する傀儡《かいらい》国家でした。国家のあり方に関する一致は得られておらず、フランスにならった中央集権化を進めるオクスらと、盟約者団の伝統的な地方分権を支持する勢力がはげしく対立しました。

1798年9月にニートヴァルデンで革命に反対する大規模な抵抗運動が起き、多くの犠牲者が出ました。

そのほかにも中央集権派と地方分権派の衝突、新しい税や徴兵制に対する民衆の反発などによりクーデターが多発し、国内は混乱状態でした。1799年には第二次対仏大同盟が結成され、オーストリアやロシアと、フランスとの戦争が激化します。内紛がつづくなか、スイスはこの戦いにも巻きこまれました。

1802年5月、中央集権派が地方分権派に歩みよった内容の体制変更案が提案されます。この案に対しては、近代スイス最初の国民投票において賛成票を上回る反対票が投じられましたが、棄権を同意とみなす方式で可決されました。

ナポレオンによる「小復古」

フランスではナポレオンが1799年11月に実権を握り、各国の軍隊を撃破して、1801年2月にオーストリアと、翌年3月にイギリスと和平を結びます。こうして一時的に平和がおとずれると、フランス軍はスイスから撤退しました。

そしてナポレオンは、ヘルヴェティア共和国の解体をはじめます。まず、ヴァレーを独立国とし、アルプスの交通を確保します。さらにスイスの代表者をパリに招き、18

19邦制（1803年）

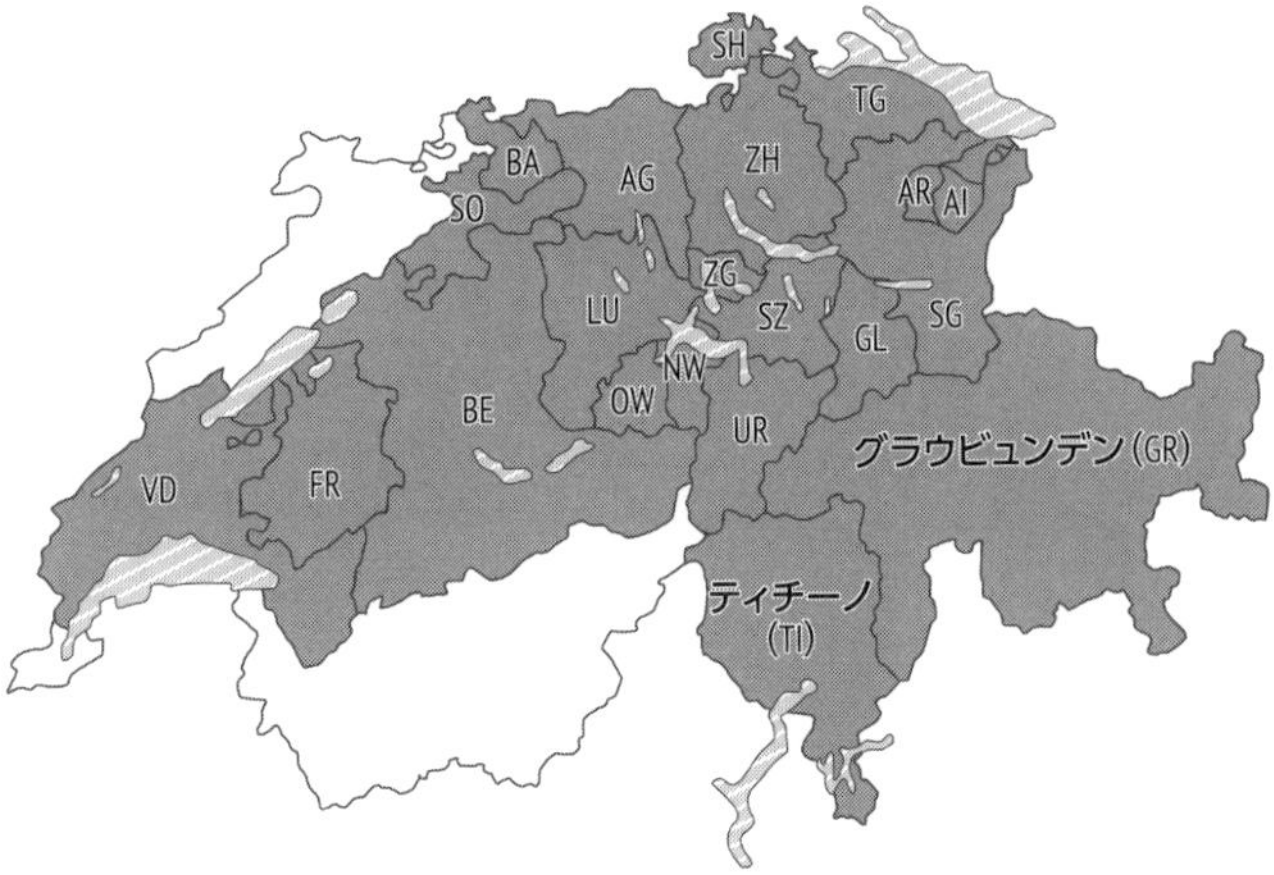

03年2月に各邦の体制を定めた「調停法」を作成しました。これは「小復古」と呼ばれ、スイス革命以前の分権的な旧体制への復古と、革命後に成立した新体制が共存します。

ザンクト・ガレン、グラウビュンデン、アールガウ、トゥールガウ、ティチーノ、ヴォーの6つがあらたな邦となり、スイスは19邦に再編されました。なお、ジュネーヴはフランス領に編入され、ヴァレーも同じ運命をたどります。

19邦のうち従来の13邦では、革命以前のように地域の有力者が参事会を通じて住民を支配する体制が復活しました。農村邦では、ランツゲマインデによる古い直接民主政が復活します。あらたに成立した6つの邦では、フランス式の代議制が維持されました。盟約者団会議も復活しましたが、同盟や条約の締結など、役割は最小限でした。

なお「調停法」では、カトリック地域を代表するフリブール、ルツェルン、ゾロトゥルン、プロテスタント地域を代表するベルン、バーゼル、チューリヒという主要な6邦の代表が、1年交代で知事（国家元首）を務めることが定められました。交代制とはいえ、ひとりの最高指導者がスイスを統治する体制となったのは、これがはじめてです。この背景には、ひとりの国家元首に軍事や内政の主導権をゆだねると、盟約者団の政府をコントロールしやすくなるというナポレオンの思惑がありました。

ところでスイスは、1803年にフランスと防衛同盟を結ばされ、1万6000人の傭兵の提供を義務づけられています。

フランスに協力して大損

ナポレオンは、1804年5月にフランス皇帝ナポレオン1世となり、絶大な権力を手にします。ヨーロッパ諸国はフランスへの警戒心を強め、第三次対仏大同盟を結成してフランスとの戦争を再開しました。

スイスはフランス本土を守る中立地帯とされ、盟約者団会議も武装中立を宣言しました。しかし、オーストリア軍がアルプス一帯を経由してフランスに侵攻するのをはばむために、数万人のスイス人傭兵がフランス軍に動員されます。

ナポレオン1世は各地で対仏大同盟の軍勢を撃破し、イギリスとロシアをのぞくヨーロッパの大部分を制圧します。神聖ローマ帝国は1806年に解体され、スイス内で形式上は神聖ローマ帝国に属していた邦も完全な独立を果たしました。

1812年5月、ナポレオン1世はロシア遠征を開始します。しかし、戦闘が長期化すると武器や食料が尽き、冬の強烈な寒気のため敗退しました。この遠征には9000人のスイス人傭兵が動員されますが、帰国できたのはわずか700人でした。

翌年10月、ナポレオンはライプツィヒの戦いで対仏大同盟軍に敗北し、フランスは劣勢となります。これを受けて、盟約者団は中立を維持したまま、オーストリア軍がフランス軍を追撃するためにスイス西部を通過するのを黙認しました。フランスに侵攻した対仏大同盟軍が1814年4月にパリを占領すると、ナポレオン1世は失脚して捕らえられ、地中海のエルバ島に追放されました。

「大復古」と永世中立

ナポレオン1世がいなくなると、各邦の代表者は1814年に会議を開き、盟約者団の再編について5カ月間話しあいました。翌年に採択された「同盟規約」により、フランスに編入されていたヴァレーは盟約者団に復帰し、ジュネーヴとヌーシャテルがあらたに邦となりました。こうして、盟約者団は22邦体制となります。主権はそれぞれの邦にあり、盟約者団会議の議長はチューリヒ、ベルン、ルツェルンの代表が2年ごとに交代で務めることになります。内政面では、スイス革命後に認められた言論や出版の自由、身分にかかわりない人権の保障などがふたたび制限されました。この新体制は、革命以前の状態にもどった要素が多いので、「大復古」と呼ばれます。

1814年9月から、イギリス、オーストリア、ロシア、プロイセンなど各国の代表者がオーストリアのウィーンに集まり、ナポレオン戦争後の国際秩序について話しあう

22邦体制（1815年）

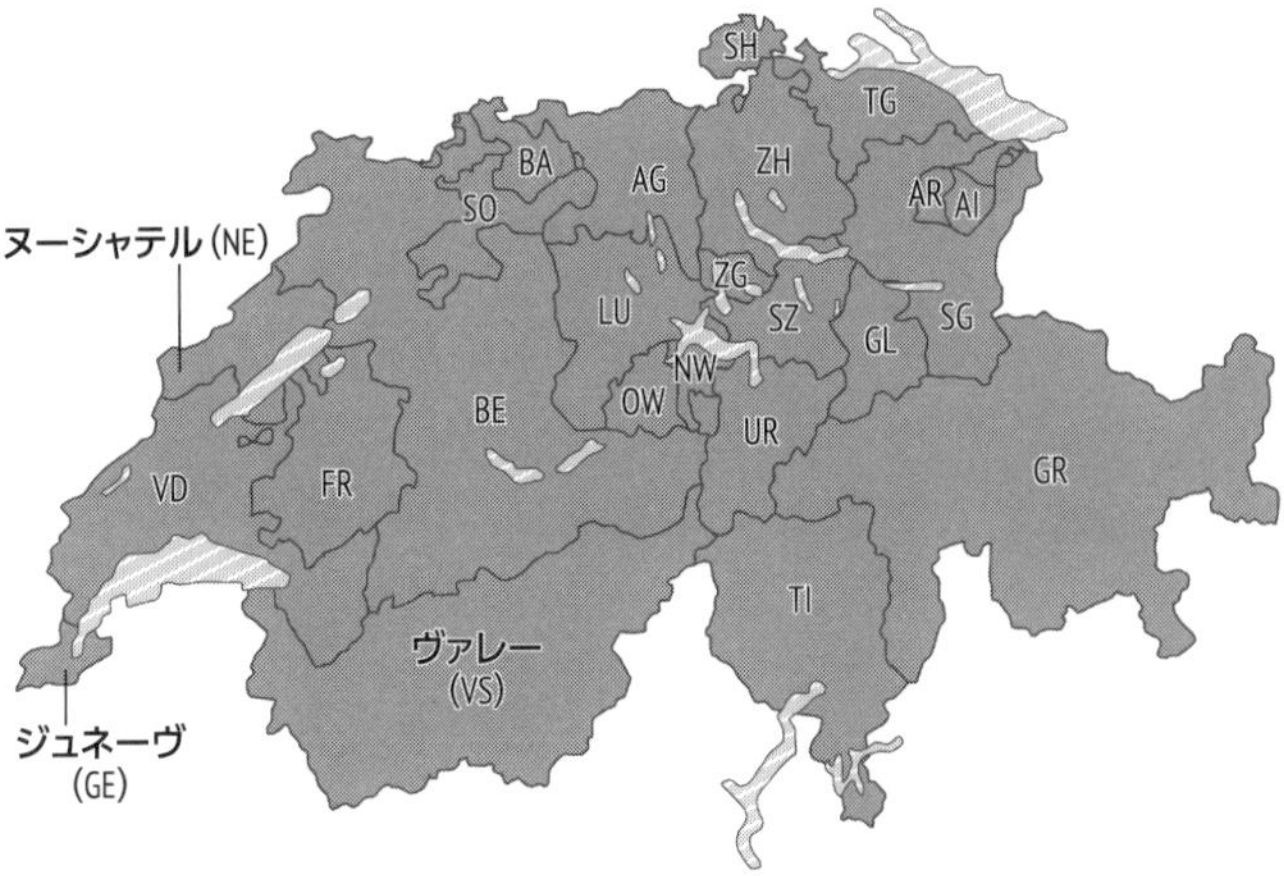

ウィーン会議が開かれます。各国の対立によって会議が長期化するなか、1815年3月にナポレオン1世はエルバ島を脱出して復位します。とはいえ、6月には対仏大同盟軍に敗れてふたたび捕らえられたため、この短い復権は「百日天下」と呼ばれました。

このとき、盟約者団は対仏大同盟による攻撃に参加したため、ウィーン会議では有利な立場となりました。そしてフランスとオーストリアのあいだに位置するスイスの領土は国際的に不可侵とされ、あわせてスイスの永世中立が認められることになります。

約9カ月つづいたウィーン会議は、1815年6月に終了しました。この会議の結果、フランスではブルボン朝が復活し、フランス革命以前の身分制度やキリスト教の道徳観にもとづく保守的な秩序が回復しました。

なお、会議後のヨーロッパの国際秩序は「ウィーン体制」と呼ばれます。この体制を維持するため、ロシア、オーストリア、プロイセンを中心とする「神聖同盟」が結ばれ、ヨーロッパのほとんどの国が加盟しました。盟約者団もウィーン体制に組みこまれ、永世中立の立場にもかかわらず、1817年には神聖同盟に加入します。

ウィーン体制下のスイス

イギリスでは、18世紀末から19世紀のはじめに蒸気機関や水力紡績機《すいりょくぼうせきき》が実用化され、産業革命が起きていました。

そのころ、日本では？

1800年前後、蝦夷地《えぞち》（現在の北海道）の近海にたびたびロシアの船が現れたため、江戸幕府は北方の調査と防備を進めます。豪農《ごうのう》の間宮林蔵《まみやりんぞう》は、地理学者の伊能忠敬《いのうただたか》に測量を学んで千島《ちしま》列島と樺太《からふと》（サハリン）を探検し、1811年に報告書の『東韃《とうだつ》地方紀行』を幕府に提出しました。

ナポレオン戦争の終結後、スイスでも近代的な工場が建設されます。以前からさかんだった繊維製品や時計の製造に加えて、1819年にはフランソワ・ルイ・カイエがはじめてチョコレート工場をつくり、やがて板チョコがスイスの名物となりました。1820年代には蒸気船がつくられ、スイスの主要な湖や河川で運航するようになり、観光客を運びます。

ただし、当時のスイスでは、営業の自由は制限されており、信仰の自由、出版・言論の自由、結社の自由もありませんでした。また、各邦の関税が復活しており、通貨も度《ど》量衡《りょうこう》（単位）も邦によって異なっていたため、経済活動には困難がともないました。

一方で、邦の枠を超えた民間団体がいくつも生まれ、地域や身分に関係なくスイス人どうしの連帯を強める場となります。すでに小復古の時期に芸術家協会が誕生し、その後、音楽協会や体操協会などが設立されました。スイス革命後に活動を休止していたヘルヴェティア協会も1807年に再建され、1819年には学生の交流組織であるスイス学生協会が設立されます。1824年に設立された射撃協会には、軍人（傭兵）だけでなく一般の人びとも参加しました。

ウィーン体制の時代、ヨーロッパ各国では、王侯貴族や教会の権威を批判する革命思想はきびしく弾圧されます。いくつもの国と接するスイスには、フランス国内のナポレオン支持者、イタリアに近代的な統一国家を樹立しようとするカルボナリ（炭焼党《すみやきとう》）など、各国で弾圧された革命家が潜伏します。盟約者団は諸外国の政府から要請を受け、こうした外国人による言論活動を制限しようとしますが、各邦の足なみがそろわず、大きな効果をあげることはできませんでした。

自由主義の再生

フランスでは、復活したブルボン朝が極端に保守的な政策を進めたので、しだいに国民の不満が高まっていきました。１８３０年に七月革命が起き、ブルボン朝はふたたび打倒され、自由主義的な立憲君主政のオルレアン朝が成立します。

スイスでは、この影響を受けて「自由主義の再生」と呼ばれる改革運動が広がります。ベルン、チューリヒ、ヴォーなど複数の邦で法改正が行われ、信仰や言論の自由、個人の権利が拡大されました。とくにザンクト・ガレンでは、すべての法律案を住民投票にかける制度がつくられます。

1832年3月、チューリヒ、ベルンなどの革新派が「七邦協約」を結び、1815年制定の同盟規約の全面改正をめざしました。これに対抗してウーリ、シュヴィーツなどの保守派は「ザルネン同盟」を結びます。

両派の対立により、多くの邦で政情が不安定になります。チューリヒのウスターでは、1832年11月、工業化によって生活をおびやかされた民衆が工場の焼き打ち事件を起こしています。バーゼルでは、議会の主導権を握っていた都市部の保守派と農村部の革新派による内紛が激化し、1833年に邦自体が「バーゼル都市部」と「バーゼル農村部」に分割されました。ふたつの地域は「半邦」とされ、盟約者団会議ではそれぞれ0・5票ぶんの表決権《ひょうけつけん》をもつことになります。

この時期、教会から独立した近代的な学校教育制度も確立に向かいました。高等教育の充実もはかられ、1833年にはチューリヒ大学が、1834年にはベルン大学がそれぞれの邦によって設立され、高度な学問的知識が教授されるようになりました。ただし、それらの前身はプロテスタント教会と結びついた古い大学や神学院だったため、新制度のもとでも神学部は存続します。

分離同盟戦争

スイスの革新派の一部は、外国の革新派とも協力していました。たとえば、チューリヒ大学神学部は1839年にプロイセンの自由主義的な神学者ダーフィト・シュトラウスを教授として招こうとします。しかし、シュトラウスの聖書解釈に保守派から強い反発があり、結局大学は受け入れを断念します。

1841年、アールガウではカトリックにとって不利な制度改革が行われたため、修道士たちが主導する暴動が起きました。アールガウ政府は8つの修道院を廃止していましたが、盟約者団会議の勧告によって4つの女子修道院が復活します。

ルツェルンでは1841年、保守派が政権を握ってイエズス会に教育事業をゆだねますが、急進的なリベラル（自由主義）派は武力による反乱を試み、ベルンやアールガウからも数千人の義勇軍を迎え入れました。カトリック地域の保守派諸邦（ウーリ、シュヴィーツ、ウンターヴァルデン、ルツェルン、ツーク、フリブール、ヴァレー）は、プロテスタント地域との武力抗争に備えて、1845年に防衛同盟を結成します。

　しかし、邦どうしが盟約者団全体の利益に反する同盟を結ぶことは1815年の同盟規約で禁止されていたため、リベラル派・急進派から「分離同盟」だと非難されました。

　1847年、ザンクト・ガレンで保守派からリベラル派・急進派への政権交代が起き、盟約者団内で分離同盟に反対する邦が増えます。それらの邦は、盟約者団会議で分離同盟の解散を求め、リベラル派・急進派の主張に沿った同盟規約の改正を決定します。同年10月、ジュネーヴ出身でナポレオン時代のフランス軍に属した経験をもつアンリ・デュフールが司令官となり、保守派の勢力を

「分離同盟」時代のスイス

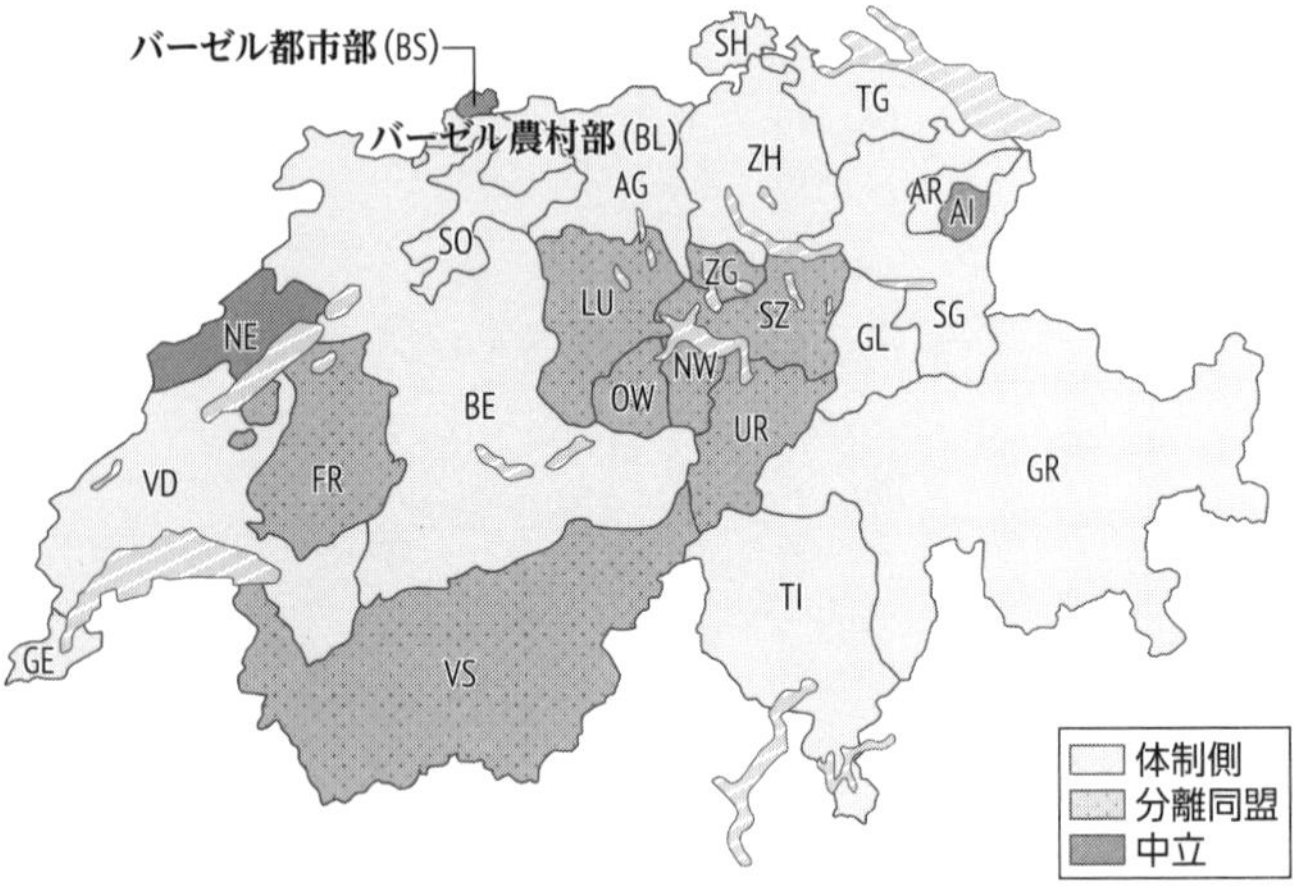

相手に軍事行動を起こします(分離同盟戦争)。戦いは3週間つづきますが、ルツェルンが占領されて分離同盟は解体されることになり、保守派は政権から追い落とされました。

連邦憲法の成立

スイスをふくむヨーロッパ全域では1840年代に冷害と農産物の病害、不作が深刻化していました。そのため、各国で政府に対して食料危機の打開を求める声が高まります。また、産業革命の進行によって労働者階級が増え、その多くが低賃金で長時間働かされていたため、不満がうずまいていました。

　こうしたなか、1848年2月にフランスで二月革命が起きます。その影響を受け、ヨーロッパ各地で革命運動や民族運動が相次《あいつ》ぎ、保守的なウィーン体制は崩壊しました。この時期、スイスのアレネンベルクに潜伏していたナポレオン1世の甥ルイ・ナポレオンは、二月革命後に帰国して大統領に選出され、国民投票によって帝政を復活させてナポレオン3世として即位します。

　スイスでは、分離同盟戦争後の盟約者団会議で連邦憲法の原案づくりが進みます。憲法案は1848年9月、カトリック諸邦の反対を受けながらも、15の邦と半邦の賛成で可決されます。これによってスイスは、近代的な連邦国家の姿をとることになります（本書ではこれ以後の時期について、盟約者団は連邦、邦は州と表記します。もとのドイツ語やフランス語での表記は同じでも、位置づけは異なるからです）。

　スイス連邦の立法府は二院制を採用しています。具体的には、各州2議席（半州は1議席）の上院（全州議会）と、人口2万人にひとりの割合で各州に議席が配分される下院（国民議会）が設けられました。上院議員は各州の裁量で、下院議員は国民の直接選挙で選ばれました。

行政府（連邦政府）は、上院と下院の合同会議で選ばれた7人の閣僚によって構成されます。閣僚は1年ごとに交代で連邦大統領を務めますが、その権限は強くありませんでした。

連邦憲法により、フランス語圏とドイツ語圏が接するベルンが首都となります。連邦の国語とされたのは、ドイツ語、フランス語、イタリア語の3言語です。

外国との条約を締結したり、開戦を決めたりする権限は連邦政府にゆだねられました。しかし国防については各州の分担出兵制が受けつがれ、そのうえで国民皆兵制度（民兵制）がとられます。ただし、分権意識の強さゆえに、連邦常備軍の設置は認められませんでした。一方、外国との傭兵契約は明確に禁止されました。

そのころ、日本では？

福山藩（現在の広島県の一部）の阿部正弘《あべまさひろ》は、1845年に幕府で実務のトップにあたる老中首座《ろうじゅうしゅざ》に就任しました。同時期、中国大陸の清《しん》がイギリスとのアヘン戦争に大敗したので、阿部や水戸藩（現在の茨城県の一部）の徳川斉昭《なりあき》らは、幕府内で西洋諸国に対する防備の強化を訴えました。

各州の管轄を超える司法問題をあつかうための連邦裁判所もつくられました。また、国民投票（レファレンダム）と国民発議（イニシアティヴ）についても定められます。憲法の全面的な改正は、上院・下院の両方による提案、あるいは5万人以上の国民による発議で行うことになりました。上院か下院の片方、もしくは国民による発議だけの場合は、まず国民投票を行い、賛成多数の場合に憲法全面改正の手続きがはじまりました。なお、できあがった憲法全面改正案は、最後にもういちど国民投票にかけることになっていました。

1848年の連邦憲法は、すべての国民に法の下の平等、言論・出版・信仰・商業活動の自由を保障していました。

各州独自の憲法・議会制度・裁判制度・警察制度・徴税制度・教育制度などが維持された点で旧来の邦の「主権」は残っていましたが、外交と軍事が連邦にゆだねられ、各州間の関税の廃止、通貨や度量衡の単位の統一が進められた点では一定の中央集権化が進んだといえます。

スイスの国旗と国歌

正式制定までにはいろいろあった

赤地に白十字の旗が正式にスイス国旗になったのは１８４８年のことです。ただし、これに近いデザインは14世紀から使われていました。ハプスブルク軍と戦うスイス各地の戦士たちが鎧《よろい》や盾《たて》につけ、敵と味方を区別したのです。シュヴィーツの州旗《しゅうき》もスイス国旗に似ていますが、その採用は17世紀以降のことで、それ以前は素朴《そぼく》な赤い旗でした。なお、スイス革命後にナポレオンが緑・赤・黄の三色旗をスイスにあたえましたが、ヘルヴェティア共和国の崩壊時に破棄されます。

スイス国旗の色の由来に関する連邦政府の公式見解はありませんが、赤は戦場で流れた血、その血で勝ちとられた独立と主権の象徴だとする説があります。そもそもはキリストが人間のために流した血の象徴だったとする歴史家もいます。十字のほうは、もちろんキリスト教の十字架に由来します。国旗の形は、万国旗や商船旗の場合は横長です

スイス国旗

旧ヘルヴェティア共和国の国旗

スイスのほかに正方形の国旗を用いているのは、ヴァチカン市国だけ。

が、正式には完全な正方形です。

スイス国歌の歴史は浅く、19世紀なかばから公式行事で「祖国が呼ぶ声」という曲が歌われていましたが、イギリスの「国王陛下《へいか》万《ばん》歳《ざい》」と同じ旋律でした。

1841年にウーリ州出身の修道士（音楽監督）が作曲した「スイス賛歌」が公表されますが、「祖国が呼ぶ声」の人気は根強く、公式行事で歌われつづけます。しかし、議論のすえ1961年に「スイス賛歌」が仮の国歌になり、1981年にようやく正式採用されます。

歌詞はスイスの4言語で制定され、輝く朝焼けのアルプスの賛美にはじまり、祖国を守る神への感謝と祝福の願いで終わります。

知れば知るほどおもしろいスイスの偉人④

教育のあり方を変えた実践家

ペスタロッチ

Johann Heinrich Pestalozzi

（1746～1827年）

たいせつなのは子どもの自主性

チューリヒに生まれ、はじめは牧師を志望してキリスト教の神学を学びましたが、やがて教育者となることを決意し、1775年にアールガウ地方のビル村にノイホーフという農園を設けて孤児院をひらき、貧しい子どもたちの教育に打ちこみます。その後ペスタロッチは、ウンターヴァルデンのシュタンス、ヴォー地方のイヴェルドンで寄宿制の学校を開設し、多くの子どもたちを指導しました。ペスタロッチの教育方針は、人間の自由と自然への回帰を主張した啓蒙思想家ルソーの影響を強く受けており、子どもの自主性を尊重し、教科書よりも生活のなかでの体験や観察を重視するものでした。

彼は、教育論の『隠者の夕暮』、農村の子どもたちの成長を描いた小説『リーンハルトとゲルトルート』などの著作を発表し、スイスだけでなくヨーロッパ各国で、19世紀以降の教育の普及に大きな影響をあたえました。

chapter 5

新しい国づくりと世界大戦

複雑な対立の構図

連邦憲法の成立後、1848年11月に小選挙区制での連邦議会選挙が行われます。この選挙ではリベラル派と急進派が圧勝し、7人の閣僚は全員「自由主義急進派」となりました。それでも宗派と言語には配慮がなされ、7人のうち、カトリックと非ドイツ語圏出身者から2名ずつが選ばれます。しかし、自由主義急進派以外（保守派）は完全に排除されます。

新政権はさっそく、地域・宗派間の対立に直面します。ルツェルンなどカトリック州は、与党による中央集権化や工業化、教育の近代化に反対します。そのころ教皇ピウス9世が、1869年に開始された第一ヴァチカン公会議で近代主義を批判し、教皇の不可謬性《かびゅうせい》（教皇はまちがわないということ）を主張したため、保守派は勢いづきます。

こうした動きをおさえこむため、スイス各地のリベラル派・急進派は、保守派の聖職者の追放、修道院の廃止、キリスト教主義の学校の禁止といった強硬策をとりました。この動きは、ドイツ帝国（1871年成立）の宰相ビスマルクの政策の呼び名を借りて

「文化闘争」と名づけられています。

　ところで、1848年の憲法は連邦政府に総合大学と工科校を設立する権限をあたえていましたが、地域間の意見の対立により、1855年にチューリヒ工科校（現在の連邦工科大学チューリヒ校）の設立が実現しただけでした。現在の連邦工科大学ローザンヌ校の前身である私立学校も1850年代に誕生していますが、工科に特化してはいませんでした。

　なお、連邦立の総合大学は21世紀の現在も存在せず、州立大学が大きな役割を担いつづけています。連邦国家の体制づくりは、政治的立場、宗教、地域のちがいによる複雑な対立の構図のせいで最初から前途多難でした。

外交関係は日本にもおよぶ

19世紀後半には、スイスと諸外国の関係も大きく動いていきます。ヌーシャテルはスイス連邦を構成する州のひとつでしたが、同時にプロイセン国王に従属する公国でもありました。そのヌーシャテルで1856年にプロイセン国王を支持する王党派が反乱を起こしますが、すぐに共和派の政府に鎮圧されます。これを機にプロイセン政府と連邦政府が対立しますが、イギリスとフランスによる仲裁の結果、1857年5月にプロイセン王家はヌーシャテルを放棄します。

そのころ連邦政府は、工業製品の輸出先を広げるため、遠い外国との関係にも力を入れていました。1864年には、日本と修好通商条約を結びます。これによってスイスは、日本に時計や武器を売り、日本から生糸《きいと》や絹製品などを買う貿易を実現させます。

当時スイスは、諸外国の企業との共同事業や貿易の実務を円滑にするため、フランス生まれのメートル法を導入しました。

このころ、近隣諸国では政治体制が大きく変化します。イタリア半島は1861年に統一され、イタリア王国が成立しました。一方フランスは、プロイセンとの普仏戦争（独仏戦争）の過程でナポレオン3世が退位したことにより、1870年に共和政にもどります。一方、軍事的に優勢なプロイセンは、オーストリアをのぞくドイツ語圏の大部分を統一し、1871年にドイツ帝国を成立させました。

ゆるやかな連邦制をとるスイスでも、すぐ近くにイタリア王国、ドイツ帝国という強力な統一国家が成立したことで国土防衛に関する議論が活発化し、各州だけでなく連邦にも常備軍を置いて迅速で効果的な軍事行動をとることができるようにすべきだと主張する政治家たちが現れました。

赤十字の創設

19世紀後半、ヨーロッパ各地で戦乱がつづくなか、スイス人の尽力によって、敵味方の区別なく負傷者や捕虜の救護を行う人道支援団体として国際赤十字社が誕生しました。

ジュネーヴ出身の実業家・社会事業家であるアンリ・デュナンは、1859年にイタリア統一戦争の激戦地ソルフェリーノで、多数の兵士が死傷する姿を目撃します。その後、デュナンは『ソルフェリーノの思い出』を出版し、戦場の負傷者を救護する団体の創設とこの問題に関する国際ルールの策定を提案しました。

1863年、デュナンと数人の協力者たちにより、現在の赤十字国際委員会にあたる組織が創立されます。赤十字のシンボルは白地に赤い十字で、スイス国旗の色を逆にしたものです。1864年8月には、デュナンらの働きかけで、戦地での傷病者・捕虜の人道的なあつかいについて定めたジュネーヴ条約（赤十字条約）が締結されます。

赤十字社がはじめて大規模な活動を行ったのは、1870年から翌年にかけての普仏戦争（独仏戦争）のときです。

鉄道網の拡大

スイスでは1830年代に各地の実業家と複数の州政府

そのころ、日本では？

江戸幕府第15代将軍である徳川慶喜《よしのぶ》は、1867年に大政奉還《たいせいほうかん》を行って朝廷に権力を返上しました。旧幕府はフランス式の軍事制度をとり入れており、明治政府もこれを引き継ぎますが、普仏戦争（独仏戦争）でドイツが勝利したのち、ドイツ式に切り替えました。

によって鉄道建設の計画がたてられていましたが、分離同盟戦争の影響もあり、実現は遅れていました。スイス最初の鉄道（チューリヒ・バーデン間）が開通したのは1847年8月のことです。距離は約23キロ、所要時間は45分程度の短い路線です。

1852年には鉄道法が定められますが、認可の権限は連邦政府ではなく各州に、鉄道敷設《ふせつ》は民間企業にゆだねられました。翌年、民間鉄道である北東鉄道（NOB）が設立されます。その経営者が、実業家のアルフレート・エッシャーです。エッシャーは自由主義急進派に属し、チューリヒ州政府の閣僚や連邦の下院議員として政界でも大きな影響力をもっていました。また彼は、チューリヒ工科校の設立に関わり、信用銀行クレディ・スイスを創設しました。

スイス北東部のほか、中部や西部にも鉄道会社がつぎつぎに誕生しますが、各企業、各州の対立によって、鉄道の敷設と運営はスムーズには進みませんでした。

1871年、エッシャーを社長とするゴットハルト鉄道会社が設立され、アルプス縦断鉄道を建設する計画がはじまります。ドイツとイタリアも、この鉄道路線に期待をかけていました。しかしそれは、民間企業だけで担える事業ではありませんでした。そのため1872年に鉄道法が改正されます。これによって各州の権限が連邦に移され、民間鉄道の国有化が可能になりました。その後、ウーリとティチーノを結ぶ全長約15キロメートルのゴットハルト・トンネルが1882年に開通します。

1898年には国民投票を経て連邦鉄道の創設が決まり、民間鉄道の買い上げが進められます。その結果1902年に、現在までつづくスイス連邦鉄道（SBB）が生まれます。その後、スイスのヴァレー州とイタリア北部のピエモンテ州を結ぶ約20キロメートルのシンプロン・トンネルが1906年に開通しました。こうしたトンネル

工事の結果、アルプスの南北を往来する交通は飛躍的に拡大します。

連邦憲法の改正

スイスでは1860年代、一部の有力者（元老）たちが政治の実権を握っていることを批判する「民主派」が自由主義急進派の内部で形成され、州の政治改革とくに住民投票や住民発議の制度化などの要求が掲げられました。彼らは連邦レベルでも国民の政治参加の機会の拡大を要求していましたが、労働立法や社会立法の推進、安全保障（国土防衛）の充実のためには連邦政府の権限を大きくすべきだと考えていました。

そこで民主派は、1872年に「ひとつの法、ひとつの軍隊」の実現をめざす憲法改正案を提起します。しかし、極端な中央集権化をふくむ内容だったため、国民投票で否決されました。民主派が各州の権限に配慮した新案をつくると、これは1874年の国民投票で可決されることになります。

改正された連邦憲法では直接民主政的な制度が拡大され、それまではなかった「任意的レファレンダム」が導入されます。これは、議会が承認した法律や決議の内容も、有権者3万人以上（1977年からは5万人以上）の署名が集まれば国民投票の対象となるという制度です。さらに1891年には、それまで憲法全面改正の場合にしか認められていなかった国民発議（イニシアティヴ）が憲法部分改正にまで広げられました（有権者5万人以上の署名が条件）。

憲法改正後も、自由主義勢力による「文化闘争」はつづきます。政教分離が徹底され、イエズス会は全面的に活動を禁じられました。このことは連邦憲法自体に書きこまれていました（第51条）。出生、結婚、死亡、埋葬などの手続きは教会から切りはなされ、各州の官庁に届け出ればよいことになります。

一方、スイスでは、ユダヤ人差別の撤廃は遅れていました。しかし、ユダヤ人解放の先進国フランスなどの圧力もあり、1874年の連邦憲法はユダヤ人にも礼拝の自由を認めています。これにより、ドイツやオーストリアなどから多くのユダヤ人がスイスに移り住むようになり、あらたに敵意を抱くスイス人も増えていきました。

1874年の憲法改正後には、軍制の大きな変化も起きました。部隊の編成は従来と同じように州別に行われましたが、その主体はいまや連邦であり、軍事関係の法律の制

1870年代の政治体制

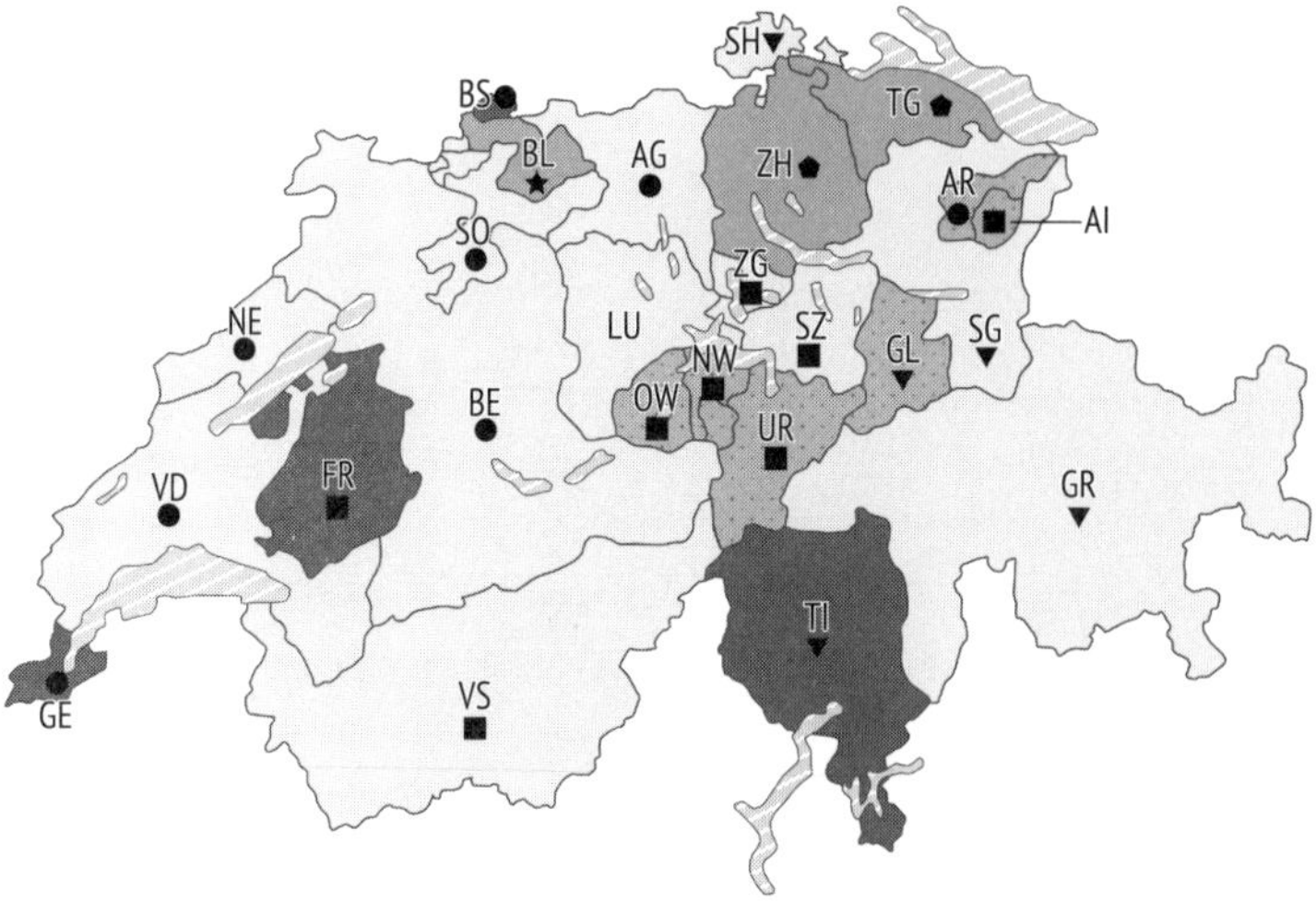

- ランツゲマインデ体制（国民投票・国民発議あり）
- 純粋な代議制（国民投票・国民発議なし）
- 改良された代議制（国民投票あり）
- 新しいタイプの直接民主政（代議制と国民投票・国民発議・閣僚の直接選挙の結合）
- ■ カトリック保守派が優勢な地域
- ● 自由主義急進派が優勢な地域
- ▼ ふたつ以上の党派が政権に参加している地域
- ⬟ 民主派が優勢な地域
- ★ 民主派が影響力をもっている地域

定や軍備の調達・軍事教育も連邦の権限とされました。これ以後スイスの軍隊は「州兵」の集まりではなく「連邦軍」となり、現代にいたっています。この時期には連邦の立法権や司法権の強化も進みました。たとえば、6年任期の判事9人が構成する常設の連邦裁判所がローザンヌに置かれています。それまでも連邦裁判所は存在していましたが、常設ではありませんでした。

スイス生まれの有名企業

スイスでは、19世紀後半から工業が飛躍的に発展します。産業革命の初期段階から盛んだった繊維工業（綿織物・絹織物・亜麻《あま》織物など）や時計工業・機械工業（蒸気機関や水力タービンの製造）に加えて、あらたに化学工業、製薬業、食品加工業などが大きく成長します。具体例をあげれば、化学薬品や染料を手がけるガイギー（現在のノバルティス）、医薬品メーカーのロシュ、粉ミルクや固形スープなどの加工食品を生産するネスレやマギー、電機設備メーカーのボベリ（現在のＡＢＢグループ）など、数多くの企業が誕生し、国際的に知られるようになっていきます。

外国との貿易や国境を越えた金融取引が拡大するにつれ、スイス経済も近隣諸国の影響を強く受けるようになります。そうしたなか、1873年にオーストリアのウィーンで株価が暴落し、ヨーロッパ各国に不況が広がりました。このためスイスでも一時的に経済が停滞します。しかし、1890年代にスイス経済は回復し、こんどは急速な成長の局面に入ります。

スイスには、産業の発達とともに外国からやってくる労働者が増えていきます。外国人の人口は1837年には2・6％でしたが、1910年には14・7％になりました。

一方で、仕事や土地を求めて外国（とくにアメリカ）にわたる人もいました。人口が急激に増えて19世紀末に300万人を超えるなか、国内での生活に希望をもてなくなるスイス人も多かったからです。

そのころ、日本では？

1872年に東京の新橋から横浜までの約29キロメートルの区間で日本最初の鉄道が開通しました。車両はイギリスからの輸入品で、イギリス人の技術者が敷設工事を監督しました。同時期には東京と大阪のあいだで郵便制度がスタートし、近代的な通信網と交通網の整備が進められます。

労働運動の激化

スイスをふくむ各国の工場や鉱山では低賃金・長時間労働が求められ、事故や健康被害が多発していました。女性および児童の酷使も大きな問題でした。こうしたなか、労働者を犠牲にして企業家（資本家）が莫大な富を得る経済のあり方を批判し、国家と企業に労働条件の改善と貧富差の是正、福祉の充実などを求める社会主義思想が国際的に広がります。

ヨーロッパ各国の社会主義者や労働運動の指導者たちの協力により、1864年にイギリスで国際労働者協会（第一インターナショナル）が創設されました。その運動はスイスにも広がり、第2回の大会はジュネーヴで開かれます。第一インターナショナルでは、統一的な政治組織の確立と生産手段（土地や工場、原材料）の共有を唱える共産主義者のマルクスと、地方分権的な民衆の自治を唱える無政府主義者のバクーニンが対立します。スイスにはマルクスの考えに共鳴する人たちもいましたが、伝統的に小さい町や村の自治が進んでいたこともあり、小規模な手工業者の多いジュラを中心にバクーニンが支持されました。

スイスでは1877年、国民投票によって工場法が成立し、11時間労働制（週に65時間）、14歳未満の児童労働の禁止、女性や若年層の夜間労働・日曜労働の禁止などが定められます。

第一インターナショナルの影響もあり、スイス各地に労働組合が結成され、1880年にはそれらの組合が団結した「スイス労働組合総同盟」が生まれます。つづいて1888年には「スイス社会民主党」が発足しました。これらの同盟と政党には、外国人も数多く参加していました。1890年には社会民主党が下院（国民議会）にはじめて議席を獲得します。

これに対し、伝統的なリベラル派、急進派、民主派に分かれていた自由主義者たちは、1894年に「自由民主党」（急進民主党）を結成しました。同年、保守派も政党をつくります。こうして「カトリック人民党」（1912年から保守人民党）が誕生し、スイスは本格的な政党政治の時代を迎えます。

同じころ、女性の政治参加を求める運動も起きました。チューリヒで1880年代後半からメータ・フォン・ザーリスというジャーナリストが、女性も課税される以上、参政権をもつのは当然であると主張します。

その後、1900年には各種の女性団体が力をあわせて「スイス女性協会連盟」をつくります。そして1909年には「女性参政権同盟」が発足します。ただし、こうした団体の主張は無視されつづけました。スイスにおいて連邦レベルで女性参政権が認められたのは、ようやく1971年のことです。スイス人は、この点ではたいへん保守的でした。

スイスが生んだ文化人たち

19世紀のスイスでは、文化も大きく成長します。この時代には「スイスらしさ」がにじむ小説や絵画が人気を博《はく》しました。スイスと同じ言語を使う周辺の大国に対抗する文化的なよりどころが求められていたからです。

チューリヒの作家ゴットフリート・ケラーは、スイスのドイツ語圏を代表する文学者で、長編小説『緑のハインリヒ』によって「スイスのゲーテ」と呼ばれました。同じくチューリヒのヨハンナ・シュピリは、日本をふくむ多くの国で読まれ、映像化されることになる児童文学『ハイジ』の原作者です。『ハイジ』は、アルプスの自然に囲まれた山村に暮らす人びとの心のやさしさが印象に残るスイス的な文学作品の代表例です。

ベルンのアルベルト・アンカーは、「干し草のなかで眠る少年」など、まるでハイジの世界のようなスイス農村の情景を描き、スイスの「国民画家」と呼ばれました。ジョヴァンニ・セガンティーニもアルプスの風景を描いています。彼は北イタリアからグラウビュンデンの山岳地帯に移り住んだ人で、独特の点描技法で「アルプスの真昼」などの名作を残しています。

バーゼルの歴史学者ヤーコプ・ブルクハルトは、主著『イタリア・ルネサンスの文化』のなかで「個人」の解放を強調しましたが、彼自身は古いスイスの自治都市の伝統を重んじる保守主義者でした。

ジュネーヴ出身の言語学者フェルディナン・ド・ソシュールによれば、わたしたち人間は「山」と「平地」、「戦争」と「平和」といった「言葉」を用いてこの世界を明確に区分（細分化）してとらえ、複雑な文明社会を築いたとされます。ソシュールの言語学は、その後の学問に大きな影響をおよぼしました。その一方、彼は「言語に境界はない」という謎《なぞ》めいた主張を展開していました。その背景には、複数の言語と多数の方言が入り混じり、たがいに影響しあうスイス的な言語状況があったといわれています。

第一次世界大戦と中立国スイス

19世紀後半の世界は、イギリス、フランス、ドイツ、イタリア、ロシアなどの列強が領土の拡大と植民地の獲得を競う「帝国主義」の時代を迎えていました。

20世紀に入ると、列強は複雑な同盟関係を築きます。中東やアフリカでドイツと争うイギリスは、フランスおよびロシアとの「三国協商」をつくりあげ、対外的進出をつづけました。一方ドイツは、バルカン半島でロシアと対立するオーストリア・ハンガリー帝国およびオスマン帝国（トルコ）と接近します。これらの国ぐにの連携は「中央同

第1次世界大戦期の同盟関係

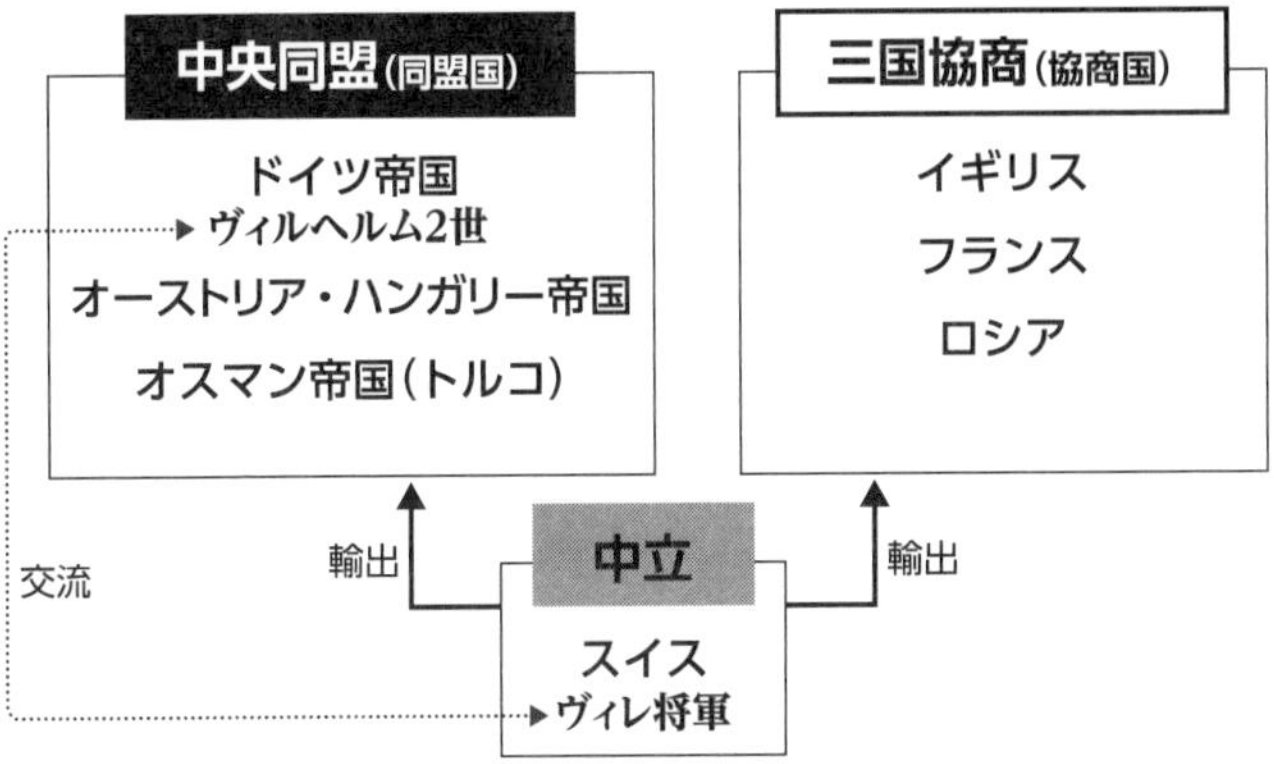

盟」と呼ばれました。

1914年6月、バルカン半島の都市サラエボでセルビア人の若者がオーストリア・ハンガリー帝国の皇太子夫妻を殺害する事件が起きます。オーストリア側が報復のためにセルビアに宣戦布告すると、セルビアを支援するロシアとオーストリアを支援するドイツが参戦する連鎖反応が生じ、第一次世界大戦がはじまりました。ドイツと対立するフランスとイギリスも、やがて参戦することになります。

スイスは中立国であり、英仏側すなわち協商国（連合国）にもドイツ側（中央同盟）にも味方していませんでした。1914年8月、スイスでは連邦内閣が国境を守るために2万人の兵士に動員をかけ、議会はチューリヒのウルリヒ・ヴィレ将軍を最高司令官に選びます。ヴィレ将軍はドイツのヴィルヘルム2世とも交流のある親ドイツ派だったため、フランス語圏の住民から強い反発を受けます。たしかに連邦政府や軍の内部には、中央同盟に同調する有力者もいました。

一方、スイスの産業界は中立の立場をおおいに利用し、協商国（連合国）と中央同盟の両方に農産物や工業製品を輸出して大きな利益を得ます。しかし、交戦中の諸国からの輸入は減り、スイス国内では燃料、衣料、食料などさまざまな分野で物不足による急激な物価高（インフレ）が生じました。賃金の水準は下がり、失業者も増えていきました。そのため各地でデモやストライキが多発します。

世界大戦は長期化し、爆撃機、戦車、毒ガス、潜水艦といった新兵器も投入されて死傷者が激増し、ヨーロッパの

そのころ、日本では？

第一次世界大戦中の日本は協商国に属し、中国大陸の青島にあったドイツ海軍の基地を占領したのち、ドイツがもっていた商工業や軍事面での利権を引き継ぐことを中華民国政府に認めさせます。また、ヨーロッパ諸国に代わって工業製品の輸出を拡大して利益を得ました。

諸国民に甚大《じんだい》な被害をもたらしました。１９１７年3月（当時のロシアで使われていたユリウス暦では2月）、ロシアでは現体制に不満を抱く民衆によって二月革命が起き、帝政は崩壊して臨時政府が成立します。

スイスでは社会民主党が連邦政府の政策を批判していました。このころスイスには、ロシアの革命家レーニンが滞在しており、社会民主党の指導者たちに影響をあたえていました。レーニンは帰国後、労働者による政権の奪取《だっしゅ》を唱えるボリシェビキを率い、十月革命を起こして臨時政府を打倒し、共産主義のソヴィエト政権を樹立します。

ロシア革命の成功の影響で、スイスもふくめた各国で激しい反政府運動が生《しょう》じました。１９１８年11月、ドイツでは水兵の反乱をきっかけに革命が起き、皇帝は退位して共和国が誕生することになります。

ゼネストと政党政治

この年スイスでは、ゾロトゥルンの都市オルテンにスイス各地の労働組合の指導者や社会民主党系の政治家が集まり、行動委員会（オルテン委員会）を組織してゼネスト

（業種の枠を超えた労働拒否）を計画します。

オルテン委員会は政府に対し、比例代表制（政党ごとに得票数に応じて当選者が決まるしくみ）による選挙の実施、女性参政権、財産税の導入、国家による貿易の管理、老齢《ろうれい》・障害基礎年金の導入、週48時間労働などを要求します。このゼネストには25万人が参加しました。連邦政府は鎮圧のために軍隊を投入します。オルテン委員会はストを打ち切りますが、首謀者たちは逮捕されました。

第一次世界大戦は、ロシアのソヴィエト政府がドイツと単独講和を結んで戦線

国民議会における主要政党の議席数（1919年）

政党名	議席数
自由民主党（急進民主党）	60
社会民主党	41
保守人民党	41
農工市民党	30
その他	17
総数	189

を離れ、そのドイツも革命の影響で協商国との休戦協定に調印するなかで終結することになります。オーストリア・ハンガリー帝国も、革命による混乱のなかでドイツより前に降伏していました。

なお、この時期にはインフルエンザ（いわゆるスペイン風邪）が世界的に流行しており、スイスでも2万人以上が死亡しました。

スイスのゼネストは失敗に終わったものの、1919年に労働時間は49時間に短縮されます。また、同年10月の連邦議会選挙から比例代表制がはじめて導入されました。この選挙では自由民主党（急進民主党）の勢力が大きく後退し、社会民主党が議席を倍増させます。

そのほか、この選挙でまとまった議席を得た政党としては、カトリック地域を地盤にする「保守人民党」（のちの「キリスト教民主人民党」、現在の「中央党」につながる保守派）、ベルン農村部を中心とする「農工市民党」（現在の「国民党」につながるプロテスタント中心の保守派）があります。これらのうち自由民主党、保守人民党、農工市民党は、社会民主党に対抗して連携し、やがて閣僚ポストを分けあうようになります。

国際協調と排外主義

第一次世界大戦後、スイスは西側諸国との協力関係を深めます。戦後に開かれたヴェルサイユ講和会議では、アメリカ大統領ウィルソンによって、国家間の平和的な話しあいの場として、国際連盟の設立が提案されました。本部はスイスのジュネーヴに置かれ、1920年1月に正式に発足します。スイスも、保守人民党のジュゼッペ・モッタ大統領のもと、連盟に加盟しました。

ただし、国民投票では加盟に対する賛成票と反対票は僅差でした。加盟のさい、スイスは軍事制裁への不参加を認められましたが、経済制裁には加わるよう義務づけられます。それまでの「絶対中立」の立場から「制限中立」と呼ばれる状態になったのです。

敗戦後、オーストリア・ハンガリー帝国が解体され、チェコスロバキア、ハンガリー、ユーゴスラヴィアなどが独立しますが、このときオーストリア西部のフォアアルルベルク地方は、新しい州としてスイスに帰属することを希望します。しかしスイス国内には、カトリック的なドイツ語圏が拡大することへの反対があったため、実現しませんでした。

一方、スイスとオーストリアのあいだにあるリヒテンシュタイン侯国は、1921年以降、関税と通貨制度をスイスに合わせ、外交権や郵便事業もスイスにゆだね、内政をのぞいてスイスとの一体化を実現させました。

このころ、スイスでは、外国からの移民を敵視する風潮が強まります。1920年の時点でスイスに滞在する外国人は40万人であり、人口の約10％を占めていました。戦争と革命の動乱の時代、ヨーロッパ諸国の人びとにとってスイスは安全な滞在地ないし移民先でした。連邦政府は入国審査をきびしくしますが、それはロシアや東欧からの難民に対する警戒だけでなく、ユダヤ人差別や共産主義者の入国を拒む姿勢の現われでもありました。

諸戦線の春

アメリカのニューヨークで1929年10月に株価が大暴落し、その影響は国際的に広がります（世界恐慌）。スイスの景気も後退し、1930年には0・4％だった失業率がしだいに上昇し、1936年には4・8％となります。

それでもスイスは、中立国として周辺諸国と自由な貿易を行うことができました。加えて、1934年の銀行法に明記された守秘義務により、スイスの銀行は資金の安全な保管場所として世界中の企業家や権力者たちの信頼を勝ちとり、取引を拡大しました。

景気の悪化にともなって、ヨーロッパ各国の政治は不安定になります。とくにドイツでは、第一次世界大戦の戦勝国を中心とした国際秩序の打破を呼びかけ、排外主義・反ユダヤ主義を唱えるナチス（国民社会主義ドイツ労働者党）が勢力を強め、1933年1月に政権を獲得しました。ナチス政権を率いるヒトラーは、彼と同じく共産主義と外国勢力を敵視し、民族の団結を強調するファシズム（全体主義）国家イタリアの首相ムッソリーニと連携を強めます。

その影響はスイスにもおよび、ドイツ語圏では「国民戦線」、フランス語圏では「国民同盟」などのファシズム団体が登場し、反共産主義・排外主義・反ユダヤ主義を掲げます。この時期は、さまざまな右翼的政治団体が乱立したので、「諸戦線の春」と呼ばれます。

「絶対中立」にもどる

このころ世界では、帝国主義的な侵略が相次いでいました。1931年に日本が中華民国の満洲（現在の中華人民共和国東北部）を占領して翌年に満洲国を建国し、193

5年にイタリアがエチオピアに侵攻し、1938年にはドイツがオーストリアを併合します。

国際連盟はこれらの動きに強く反発しますが、スイスは連盟を支持するフランスと、これに敵対するイタリア、ドイツ・オーストリアの板挟みになります。結局スイスは、イタリアのエチオピア侵略とドイツのオーストリア併合を承認して対立を避けますが、1938年には国際連盟の制裁にはいっさい参加しない「絶対中立」の立場にもどりました。

そのときドイツ、日本、イタリアはすでに国際連盟を脱退しており、連盟は事実上、イギリスやフランスを中心とする協商国側の組織になっていました。しかもアメリカは加盟していませんでした。一方、ソ連が1934年に加盟し、独自の存在感を示していました。

スイスは絶対中立の原則を回復しましたが、それによって国土が安全になったわけではありません。そこで当時の大統領ヨハネス・バウマンは、祖国防衛の準備を国民に呼びかけました。議会でもさまざまな政党の議員が、言語や宗派や政党のちがいを超えて団結し、祖国を防衛するよう訴えます。そのさいスイス国内では、あらためて言語集団の「多様性」が強調されます。

1938年には、ドイツ語、フランス語、イタリア語に加えて、ロマンシュ語も国語のひとつであると宣言されました。ロマンシュ語はイタリア語に似たグラウビュンデンの言語で、当時の話者は国民の1%です。

スイスはナチスドイツの味方?

ナチスドイツは1939年9月1日、ポーランドに侵攻しました。これに対してイギリスとフランスがドイツに宣戦し、第二次世界大戦がはじまります。

スイスでは総動員体制がとられ、43万人の兵士が国土防衛の任務につきました。その先頭に立ったのは、1939年8月に連邦議会が総司令官に選んでいたアンリ・ギザン

そのころ、日本では?

1939年、日本が満洲に駐屯《ちゅうとん》させていた関東軍がソ連・モンゴルの連合軍と衝突する「ノモンハン事件」が起きます。両軍とも大量の戦車を投入した戦闘になりましたが、ほどなくヨーロッパで第二次世界大戦がはじまると停戦が成立し、事件は勝者がないまま終わりました。

第二次世界大戦期のヨーロッパ

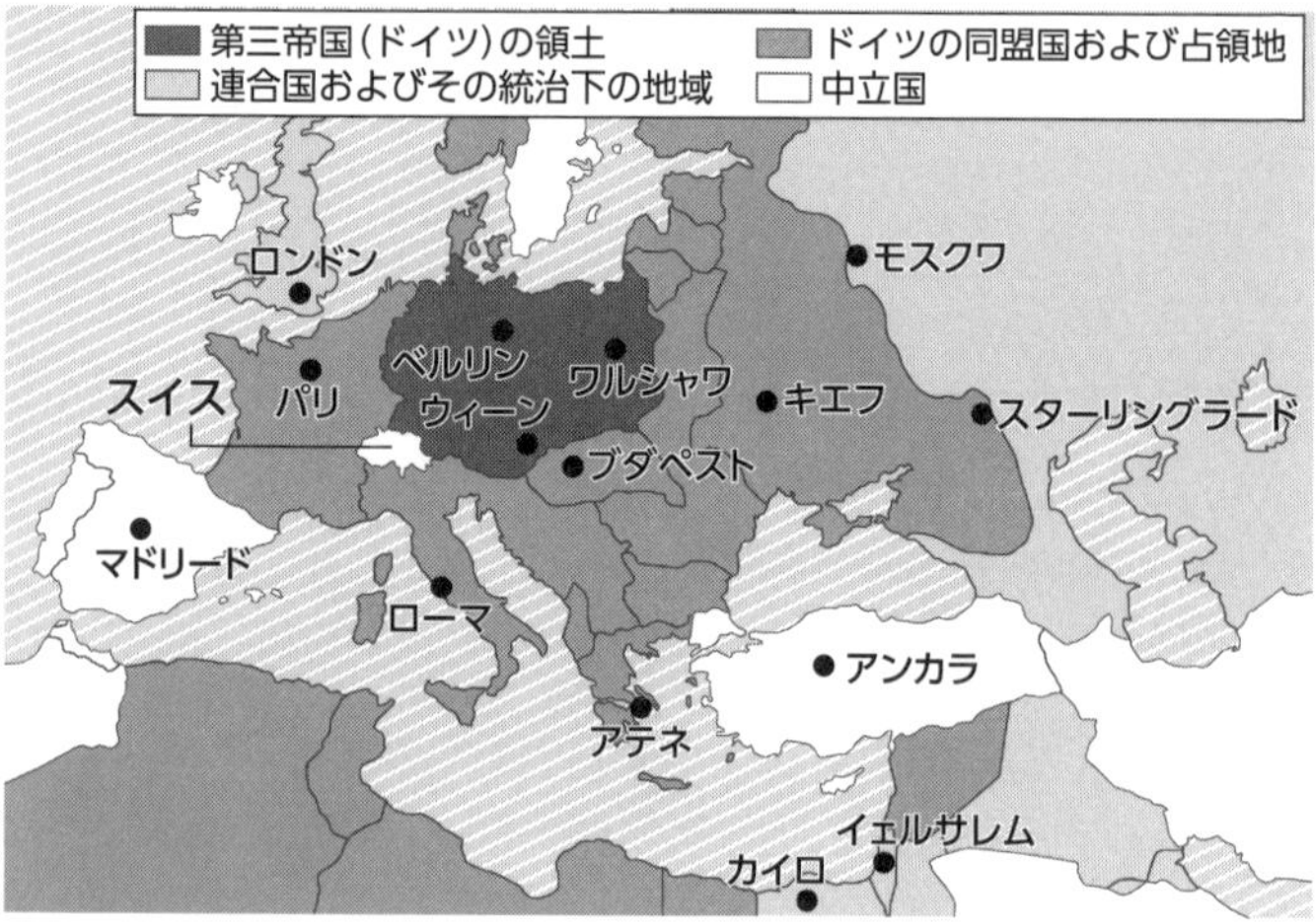

将軍です。ギザンはフランス語圏のヴォー州の出身であり、ドイツへの親近感をもたない人でしたが、スイス国内のドイツ語圏には配慮をおこたらず、つねに国民の団結をうながしました。

1940年にギザンはフランス軍と密約を交わし、ドイツがスイスに侵攻しないようにライン方面の防備を強化するよう求めますが、一方でドイツにも配慮し、ナチスに要請された報道管制を実施するように連邦政府に要請します。

同年6月、フランスがドイツに敗れて降伏しました。スイス全土に衝撃が走り、ドイツを中心とする「枢軸国」に協力するしかないと考える政治家もいました。一方ギザンは、スイス建国の記念の場所リュトリの草原（13世紀末に3人の農民代表が同盟の誓いを立てたとされる場所）に将校を集め、ドイツ軍に占領されてもアルプスの砦に立てこもり、山岳地帯の交通を遮断して徹底抗戦するプランを伝えます。

スイスとフランスの密約を知ったヒトラーは、「タンネンバウム（もみの木）作戦」というスイス侵攻の計画を立てましたが、スイタリアとのあいだで鉄道輸送を行っていたこともあり、実行はひかえました。

スイスには親ドイツ派もおり、民間の医療ボランティアとしてドイツ軍の負傷兵を看護したり、外国人も参加できるドイツの武装親衛隊（SS）

に加入したりする人もいました。なお、民間企業による武器輸出は中立違反とはみなされなかったため、ドイツとの貿易は継続され、軍需品や精密機械、電気機器などが輸出されます。

また、ドイツ軍がベルギーやオランダの中央銀行から略奪した金塊などの一部がスイスの銀行に保管されました。ナチスの民族主義思想に同調してユダヤ人迫害・追放に加担する企業もありました。

世界大戦の終わり

戦時下のスイスは30万人の難民を滞在させましたが、ユダヤ人の多くは国境で入国を拒否されました。1942年8月、スイスは国境封鎖を本格化させ、当時の司法警察長官は「救命ボートは満員だ」と発言しています。入国できなかったユダヤ人は2万人を超えるといわれています。

一方、一個人の立場でユダヤ人の受け入れやスイス経由の国外逃亡に協力した人たちもいました。たとえば、ザンクト・ガレンの警察官パウル・グリュニンガーは、入国許可証をつくって数百人のユダヤ人を助けました。彼は処罰されて警察官の身分を失いますが、ユダヤ人を救出したスイス人はほかにもいました。外交官カール・ルッツは、ハンガリーで5万人のユダヤ人のために移住証明書を交付しました。

1943年9月、イギリスとアメリカの部隊で編成される連合軍がイタリアに侵攻すると、枢軸国は劣勢となります。連合国は1944年6月、フランスに上陸して8月にはパリを解放します。1945年5月にドイツが無条件降伏し、8月には日本も降伏して第二次世界大戦は終結しました。

戦後、ナチス政権が数百万人のユダヤ人を殺害して財産を奪っていた事実が明るみに出ます。戦時中にドイツに協力したスイス人の政治家や財界人はきびしく非難され、その一部は公職を去ることになりました。

ひみつコラム

スイスの現代アート

国境を越える交流

スイスは小国ですが、周辺諸国との交流のなかで多くの著名な芸術家を生んでいます。グラウビュンデン出身の彫刻家《ちょうこくか》アルベルト・ジャコメッティはそのひとりです。１９２０年代にパリに留学し、アントワーヌ・ブールデル（彫刻家ロダンの弟子）の教えを受けました。その作風は独特で、針金のように極端に細身の人物や動物の彫像《ちょうぞう》で知られています。

ベルン近郊で生まれた画家のパウル・クレーは、おもにドイツのミュンヘンで活動し、「新しい天使」「故郷」「ホフマンへの話」などの絵画を残しました。線画風のタッチと鮮やかな色彩は、１９２０年代以降にスペインのパブロ・ピカソ、フランスのジョルジュ・ブラックらに代表される前衛的なシュールレアリズム（超現実主義）に大きな影響をあたえました。

ジャコメッティ

クレー

1910年代には、それまでの芸術を否定して実験的で奇抜な表現を追求するダダイズムと呼ばれる芸術が登場します。その発祥の地はチューリヒでした。第一次世界大戦中、スイスにフランスの彫刻家ジャン・アルプ、ルーマニア出身の詩人トリスタン・ツァラら各国の芸術家たちが滞在し、チューリヒのキャバレー・ヴォルテールに集まってダダイズムがはじまったとされます。

前衛的な芸術は現在のスイスでもさかんで、バーゼルでは毎年6月に世界最大級の現代アート展示会であるアート・バーゼルが開催されており、約10万人ものアーティスト、バイヤー、コレクターが集《つど》う文化交流の場となっています。

知れば知るほどおもしろいスイスの偉人⑤

モダニズム建築の旗手

ル・コルビュジエ

Le Corbusier

（1887～1965年）

日本の美術館も手がける

ヌーシャテル州のラ・ショー・ド・フォン出身で、本名はシャルル・エドゥアール・ジャヌレ。美術学校を卒業したのちフランスに移り、1920年代から画家、建築家として活動しました。

合理的で快適なモダニズム建築を提唱し、フランスを中心に、故郷のスイスや、ソ連、インド、ブラジルなど多くの国で、集合住宅、教会、公共施設などの設計や都市計画を手がけます。2016年には、彼が残したスイス学生会館、レマン湖畔の小さな家、フランスのペサックの集合住宅、リヨン近郊のラ・トゥーレット修道院など、17の建築物が世界遺産に登録されました。

東京都の上野公園にある国立西洋美術館は、ル・コルビュジエの基本設計をもとに、弟子の前川國男《まえかわくにお》、坂倉《さかくら》準三《じゅんぞう》らが完成させた建物で、重量感のあるコンクリートの外壁と柱、螺旋《らせん》状に配置された展示室がユニークです。

chapter 6

スイスの現在と未来

戦後のスイス

第二次世界大戦後、戦勝国（連合国）主導の国際連合（国連）が1945年10月に設立されます。第二次世界大戦中のスイスは難民の受け入れに消極的だったこと、民間企業がドイツのユダヤ人迫害に加担したこと、国際協調への配慮が不十分だったことを非難する声が国内でも上がっていました。

これを受けて、自由民主党の閣僚マックス・プティピエール（1950年に連邦大統領に就任）は、中立と国際貢献の両立を呼びかけます。彼は戦時の捕虜のあつかいに関するジュネーヴ条約の全面改正（1949年）に力を尽くしま

した。しかしスイスは、国連には加盟しませんでした。国連は第二次世界大戦の戦勝国が世界の安全保障を担うための協力機関であり、「国連軍」による軍事的強制措置をとることも可能だったため、中立の立場と矛盾するからです。

一方、スイスは、戦争の被害者に対するスイス義援金（2億スイスフラン）の拠出、難民受け入れの拡大、国際紛争の調停への協力、国連ヨーロッパ本部と関連諸機関のジュネーヴ誘致により、国際貢献を進めました。さらに、戦時中に略奪された金塊を購入した責任をとり、1946年に関係国の中央銀行に合計2億5000万スイスフランを支払います。

なお、国連には多くの専門機関があり、スイスはそれらの本部所在地となることによって国際社会に役立とうとしました。19世紀からあった万国郵便連合（UPU）は第二次世界大戦後に国連の専門機関になりましたが、本部はベルンのままです。新設された世界保健機関（WHO）や国連難民高等弁務官事務所（UNHCR）はジュネーヴに本部を置いています。

国連が成立したあとも、世界ではアメリカを中心とする自由主義圏（西側諸国）とソ連を中心とする共産主義圏（東側諸国）の「冷戦」がつづきました。とくに、敗戦国となったドイツは、自由主義の西ドイツ（ドイツ連邦共和国）と共産主義の東ドイツ（ドイツ民主共和国）に分断されました。

１９４７年、スイス連邦憲法に「経済条項」が加えられ、職業団体の公的役割や農民支援の方針が明確になります。同年、老齢・遺族年金保険法案も国民投票を通過しました。

第二次大戦後の世界は、けっして平和ではありませんでした。１９４６年には独立を求めるベトナムがフランスと戦争をはじめました（インドシナ戦争）。１９５０年には朝鮮半島で、アメリカの支援を受けた大韓民国（韓国）とソ連の支援を受けた朝鮮民主主義人民共和国（北朝鮮）のあいだで朝鮮戦争が勃発します。

スイスは国連に属さなかったものの、中立的な立場から

そのころ、日本では？

第二次世界大戦後、敗戦国となった日本はアメリカの占領下に置かれ、陸海軍の武装解除、財閥解体、農地改革ほかの民主化政策がとられます。1946年に行われた第22回衆議院議員総選挙では、はじめて女性にも参政権が認められ、39人の女性国会議員が誕生しました。

こうした紛争の調停や休戦の監視の役割を担いました。

1956年には、共産主義圏に属するハンガリーが自由主義的な改革を実行しようとしたところ、ソ連が介入して改革をおさえこみました（ハンガリー動乱）。このときスイスは、ソ連の動きを警戒しながらハンガリー難民を受け入れました。

魔法の公式

第二次世界大戦中、スイスの4大政党は危機に対応するために協力関係を強め、連邦内閣に閣僚を送りこんでいました。この連立のあり方は戦後にも受けつがれます。また戦後数年間は、憲法が戦時などの非常事態に連邦政府に許している専断的な政治のやり方が維持され、国民投票も中止されたままでした。しかし、しだいに国民の不満がつのり、1949年に直接民主政的な制度の復活を求める国民発議が行われ、賛成多数の投票結果が連邦政府につきつけられました。こうしてスイスは、民主主義の伝統を回復することになります。

これ以降、1950年代には国民投票がさかんに行われ、否決も相次ぎます。たとえ

国民議会における主要政党の議席数（1959年）

政党名	議席数
社会民主党	51
自由民主党	51
保守キリスト教社会人民党	47
農工市民党	23
無所属同盟	10
自由党	5
民主党	4
共産党	3
その他	2
総数	196

ば、政府による国防税の導入案や売上税の増税案が国民投票によって否決されました。

その当時、政党の性格が変化し、相互の対立がやわらいでいきました。社会民主党は社会主義を理想としていましたが、ソ連のような国家主導の経済政策を求めず、自由主義的な市場経済に理解を示すようになっていました。逆に、保守人民党は労働者層の要求に耳をかたむけるようになり、保守キリスト教社会人民党と改称しています（その後、党名から「保守」をはずし、「社会」を「民主」に変えます。現在は「中央党」といいます）。

こうしたなか、1959年に4人の閣僚

が引退することになりました。同年12月には、国民議会選挙の結果を反映し、4大政党のすべてから議席数に比例して閣僚が選ばれます。その内訳は、社会民主党が2名、自由民主党が2名、保守キリスト教社会人民党が2名、農工市民党が1名です。この「2・2・2・1」という閣僚ポストの配分は「魔法の公式」と呼ばれ、その後44年間維持されました。

日本などでみられる連立内閣とは異なり、スイスでは内閣を構成する政党のあいだに協定や共通の基本方針はなく、閣僚はそれぞれ所属政党の掲げる理念に従いながら、自分の担当する職務に集中します。

戦後の経済と学生運動

スイス国内は第二次世界大戦で戦場にならなかったため、ほとんどの工業設備は無傷でした。ところが、戦時中にスイスと経済的な関係の深かったドイツは、連合軍の攻撃で都市が破壊されたのちに占領されます。そのためスイスとドイツとの貿易は激減し、スイスの経済は一時的に停滞しました。

しかし1950年代に入ると、アメリカの支援で西欧諸国の復興が進み、これにともなってスイスの経済も回復します。スイスの産業を支えてきた時計を中心とする精密機械工業や製薬業に加えて、第三次産業、とくに金融業が大きく成長していきます。一方、伝統的な繊維産業は日本をはじめとするアジア諸国での生産が拡大したことから、しだいに衰退しました。

フランスや西ドイツなどの西欧諸国は、1957年にヨーロッパ経済共同体（EEC）を結成しました。それは1967年にEC（欧州共同体）に発展します。

ECには東欧の共産主義圏に対抗するために結成された面があり、その共通ルールにスイスの国内法と一致しない点が多いこともあってスイスは加盟しませんでした。ただし、アジアや南北アメリカ大陸の国ぐにも参加するOEC

そのころ、日本では？

東京都港区に1958年、テレビ局の放送アンテナを集約した電波塔である東京タワーが完成します。全高は333メートル。多くの観光客を集めました。当時、白黒テレビの普及率はまだ約10％でしたが、東京オリンピックの年（1964年）には90％に近づきます。

D（経済協力開発機構）やGATT（関税および貿易に関する一般協定）には加わっています。

スイスは中立と国際貢献の両立をはかっていましたが、冷戦期には核武装も検討され、研究が進められていました。1964年には軍部が核弾頭搭載可能な戦闘機100機を予算の枠を超えて購入しようとする「ミラージュ事件」が起きます。最終的にスイスは核武装をあきらめ、1969年にNPT（核兵器不拡散条約）に調印しました。

東南アジアでは、1960年代に共産主義の北ベトナム（ベトナム民主共和国）と自由主義の南ベトナム（ベトナム共和国）のあいだでベトナム戦争が起こり、アメリカは積極的に南ベトナムを支援します。しかし、アメリカだけでなく西欧諸国や日本でも、学生を中心とする反戦運動と反体制運動が広がっていきました。

フランスで1968年に大規模な学生運動（五月革命）が起きると、これに影響されたスイスの若者たちが、さまざまな行動を起こします。ジュネーヴやチューリヒで、大学民主化運動やベトナム反戦運動、反核運動などが展開されました。

スイス政府は1969年に共産主義国による侵略への備えを求める冊子『民間防衛』を作成し、国民に配付しますが、総動員時代の軍国主義的価値観を嫌う若者たちの反感を買います。その後も若者たちによる抗議運動はつづき、兵役を拒否する人が増え、国民皆兵に反対する国民発議運動も展開されました。

女性参政権

20世紀にはヨーロッパ各国で女性の社会進出が加速化し、女性参政権も実現していきました。しかしスイスでは、1959年になっても女性参政権法案が国民投票で否決されていました。州のレベルではヴォー、ヌーシャテル、ジュネーヴ、バーゼル都市部で1960年代に女性参政権が認められましたが、農村地帯では反対されつづけます。政党では社会民主党が賛成、農工市民党が反対、自由民主党とキリスト教民主人民党（旧保守キリスト教社会人民党）では意見が割れていました。

1971年、連邦政府が女性差別を認めない欧州人権条約に条件つきで調印しようとします。国民のあいだでも差別反対運動が激しくなり、最終的に国民投票で連邦レベルでの女性参政権が認められました。

その後、1981年に男女平等の条項が連邦憲法に加えられ、1984年には自由民主党に属するエリザベート・コップが女性ではじめて連邦政府の閣僚になります。1985年には、婚姻法上の男女差別がなくなりました。

ただし、女性参政権を拒みつづけた地域もあり、アペンツェル・アウサーローデンでは1989年に、アペンツェル・インナーローデンでは1991年にようやく女性参政権が認められました。なお、インナーローデンではランツゲマインデの古い伝統が保たれており、これは

そもそも軍事的役割を担う家長たちが帯剣して集まる行事だったため、女性の参加は想定外だったのです。

新しい州の誕生

ベルン州では、スイス革命期までバーゼル司教によって治められていたジュラ地方北部のカトリック・フランス語圏の住民が不満を抱きつづけていました。1970年代に住民投票が何度も行われ、北部3郡による新しい州の創設、南部3郡のベルン残留、東部1郡のバーゼル農村部への帰属変更の方針が決まります。1976年には、のちにジュラの州都となるドゥレモンで「独立」の早期実現を求めるデモ行進が行われます。そして1978年9月の国民投票を経て、翌年1月にジュラは正式に23番目（いわゆる半州をふくめて数えると26番目）の州となります。

1980年代以降、いくつもの国民発議が国民投票によって可決されました。たとえば、1986年4月にソ連で起きたチョルノービリ（チェルノブイリ）原発事故の影響を受け、1990年に原子力発電所の新規の建設を10年間停止することが可決されます。

現在の26州

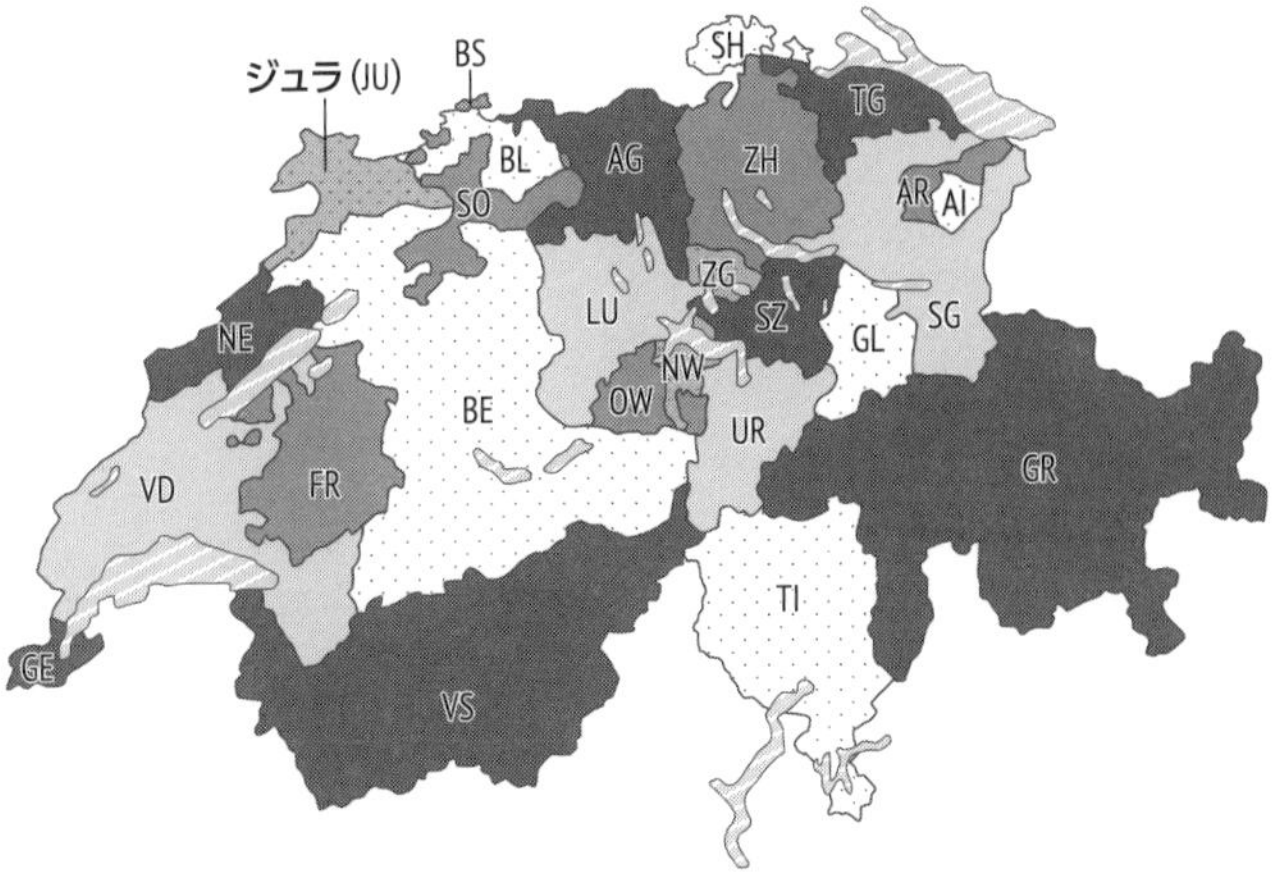

１９９２年の国民投票では、宗教的信念（良心）によって兵役につかず、そのかわりに社会奉仕活動に従事する選択が認められました。１９９４年には、環境保護と住民の健康に配慮して、アルプスを通過するトラックの交通量を制限する案が可決されます。

なおスイスでは、１９７０年代から外国人（移民・難民・一時滞在の労働者）の増加に対する反発が高まり、排外主義的な運動も広がります。１９９４年には、難民申請を却下された外国人を退去させる法改正が行われました。

ただし同年、国連の人種差別撤廃条約へ

の署名をきっかけに、刑法に人種差別禁止条項を追加する国民投票が行われ、可決されます。これによってスイスは、人種的・宗教的差別を肯定する言説を禁止し、人権尊重の姿勢を国内外に示しました。

1999年には国民投票を経て連邦憲法が全面改正され、環境、人権、国際法の尊重などの要素が強められました。なお同年、社会民主党に属するルート・ドライフスが女性で初の大統領となります。

中立のまま政策転換

ソ連と共産主義圏の東欧諸国では、1980年代末に民主化運動が急速に拡大します。東西に分断されていたドイツは1990年にふたたび統一され、1991年にはソ連の共産党政権が崩壊し、長くつづいた冷戦が終わりました。

冷戦の終結によって国際協調が進むなか、その影響を受けてスイスもそれまでの中立政策を少しずつあらためていきます。1990年にイラクがクウェートに侵攻すると、国連安全保障理事会はイラクとの貿易の停止や資産凍結といった経済制裁を決議し、国

EEA加盟に対する国民投票の地域別賛成率

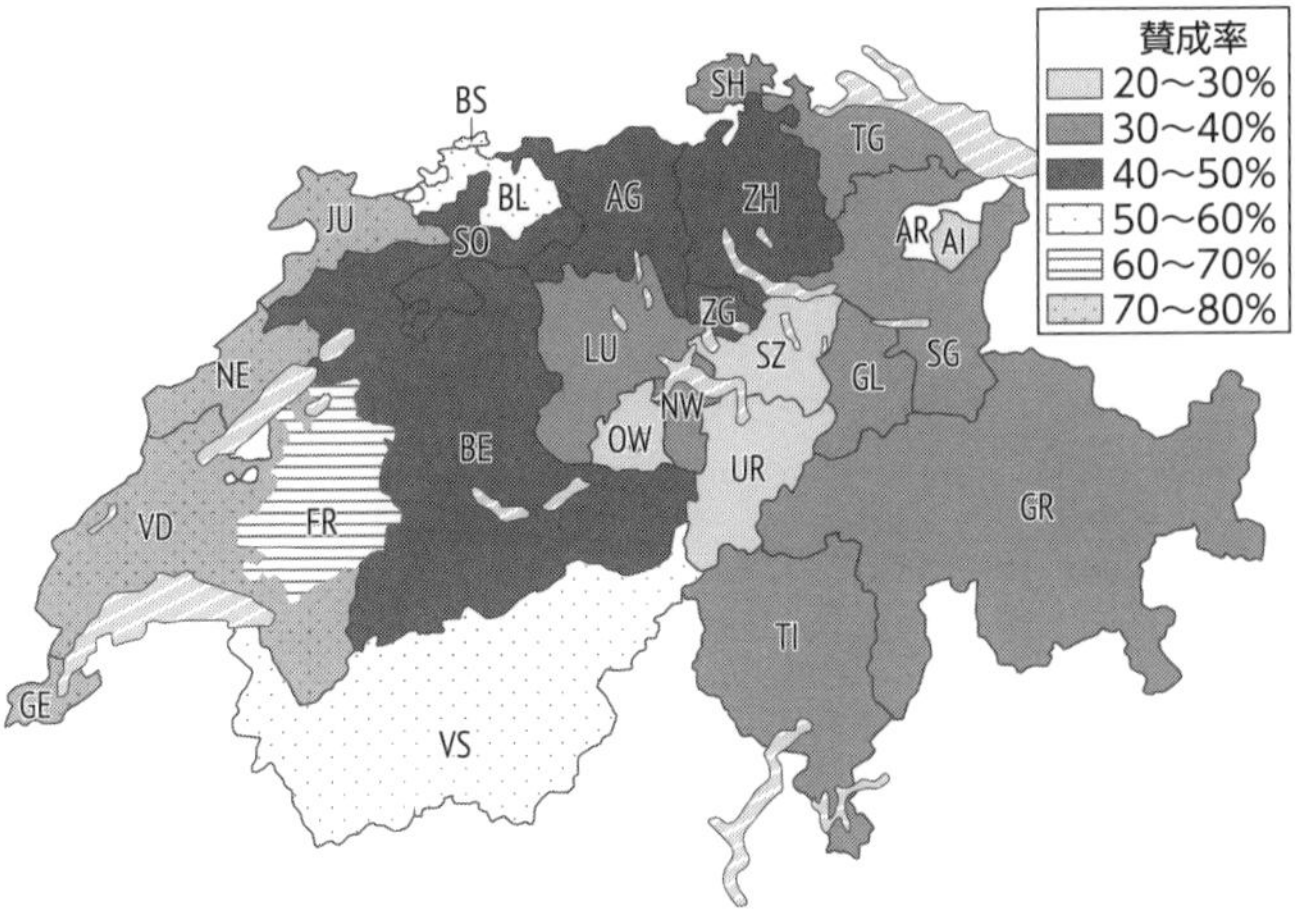

連に加盟していないスイスも、ほかの諸国にならって経済制裁に参加しました。

1992年、スイスはIMF（国際通貨基金）と世界銀行に参加します。しかし、同年に生まれたEEA（欧州経済領域）への参加は、国民投票で否決されます。フランス語圏では、EEAに参加すれば経済的な利益が拡大すると考えて賛成する人が多数派でした。

ところがドイツ語圏の住民は、スイスの産業が経済力の強いドイツの支配下に組みこまれることを警戒しており、イタリア語圏の住民の多くも主要な取引先となるイタリアの経済が不安定だったため反対していたのです。なおスイスは、ECのような共通政策や規制の少ないEFTA（欧州自由貿易連合）には加盟していましたが、EEAはそもそもECの単一市場への参加を前提としていたので、多くのスイス人にとって賛成できないものでした。

EC加盟国は1992年、マーストリヒト条約を結び、政治的な統合を進めてEU（欧州連合）を結成することに合意しました。連邦政府はEUへの加盟申請も準備していましたが、国民投票での否決の結果を受けて、1999年からEUとのバイラテラル協定を結びます。これは合意できる分野で相互開放を行う方式で、工業製品の関税の撤廃、国境を越えた人の移動の自由化、科学技術開発、環境保護、警察業務での協力など、さまざまな分野で合意しています。

スイスは1990年以降、PKO（国連平和維持活動）にも積極的に協力し、世界各地の紛争地帯に、非武装の停戦監視団を派遣するようになります。これについてはスイスの伝統的な中立主義との兼ねあいで国民のなかで賛否が分かれましたが、2001年の国民投票では、平和維持活動支援部隊の兵士が自衛用の武器を携行することが認められます。

国民議会における主要政党の議席数（2003年）

政党名	議席数
国民党	55
社会民主党	52
自由民主党	36
キリスト教民主人民党	28
緑の党	13
自由党	4
共産党	3
その他	9
総数	200

ＥＵ加盟国とのさまざまな協定、ＰＫＯへの参加などの積み重ねによって、スイスと国際社会との関係は緊密になっています。２００２年には、国民投票によって国連加盟案が採択され、スイスは１９０番目の加盟国となります。

なお、２００３年10月の選挙で国民党（旧農工市民党）が第一党となり、それ以後の閣僚ポストの配分方法は流動化することになります。

こうして１９５９年からつづいた「魔法の公式」の体制は終わりを迎えました。

大戦中のあやまちを認める

世界ユダヤ人会議は１９９５年、スイスの銀行に対し、戦時中の金塊問題やユダヤ人の休眠口座問題の解明を求めます。スイス政府には大戦中のユダヤ人の待遇と財産のあつかいに関する調査を強く要求しました。連邦政府は、1996年に歴史家ジャン・フランソワ・ベルジエを中心とする独立専門家委員会（ベルジエ委員会）を設置します。

ユダヤ人の戦争犠牲者に対する補償を求める集団訴訟が起こされ、当時のスイスの3大銀行であるUBS、SBC、クレディ・スイスは、財産返還を求める原告団に対し、1998年に12億5000万ドルを支払って和解しました。

ベルジエ委員会は2002年に報告書を完成させ、大戦中のスイスのユダヤ人迫害、ナチス協力の事実を公表します。

報告書では、戦時中のスイス政府がナチスドイツから逃亡してきた多数のユダヤ人の入国を拒否した事実や、スイス連邦鉄道がドイツの軍事輸送に協力した事実、ネスレ、ロシュなどのスイス企業のドイツ支社がナチス政権の方針に従い、劣悪な環境で強制収容所の囚人を働かせていた事実などが明らかにされました。

ところで、スイスの銀行は戦後もたびたび、独裁国家や犯罪組織が財産を隠したり、企業が脱税したりするために悪用されました。そのため、2010年代に入ると、口座の不正な利用が疑われている場合は情報公開に応じるなど、銀行の守秘義務は絶対のものではなくなります。ただし無秩序な情報漏洩は銀行法できびしく禁じられています。

経済発展と外国人問題

ヨーロッパの共産主義諸国の崩壊やそのあとに起きた旧ユーゴスラヴィア内戦を背景に、スイスは東欧出身の多数の移民や難民を受け入れました。以後、そのほかの地域からもスイスで働きたい労働者や戦争・政治的迫害・飢餓などから逃れてきた難民が増加します。そのため、スイス人と外国人との対立も表面化していきました。２００４年には国民投票で、外国人の帰化手続きを簡単にする法案が否決されます。２０１０年には、重罪を犯した外国人を国外に追放する国民発議が国民投票で可決されました。

スイスは人口８９０万人（２０２３年時点）の小さい国ではありますが、その経済力と国際的な影響力は大きなものです。２０２３年の名目ＧＤＰはひとりあたり10万２８８６ドルであり、これはルクセンブルクとアイルランドに次いで、世界でもトップクラスです。

スイスでは古くから金融業が発達しており、ドイツ語、フランス語、イタリア語といった複数の言語が使用され、英語も通じやすく、法人税率も低いことから、多くの外国企業が進出しています。なおスイスは、1984年からIMF主要国の財務大臣と中央銀行総裁が集まるG10に加わり、アメリカや日本とともに国際通貨制度や世界経済の問題について意見交換を行っています。

医薬品メーカーのノバルティス、食品メーカーのネスレ、時計メーカーのロレックスなどによる輸出も堅調です。こうした多くの企業の生産現場を支えているのは多数の外国人労働者です。2023年の段階で、スイスの人口に占める外国人の割合は26％におよんでいます。そのうち約30％をアジアやアフリカの出身者が占めますが、最近では高度な技能や資格のある人たち（とくに欧米諸国の出身者）が求められ、数を増す傾向にあります。

新時代のスイス

スイスでは現在も、住民投票、国民投票による新しい制度の導入や修正がくり返されています。2017年5月には、原子力発電所のあらたな建設を禁止し、風力・太陽光・水力などの再生可能エネルギーを推進する法律が国民投票で可決され、2050年までに脱原発を実現する計画が進められています。ただしEV（電気自動車）の普及による電力需要の増大が予想されており、議会には原発の廃炉を遅らせるべきだと主張する議員たちもいます。1983年に全国組織をつくって勢力を伸ばしている「緑の党」は、2030年代までに脱原発を実現する提案をしてきましたが、国民の多くは賛成していません。

2021年9月、スイス人は国民投票によって同性婚を合法化することに同意しました。この問題について、スイスは西ヨーロッパ諸国のなかでは後れをとっていましたが、女性参政権の実現にかかった時間に比べれば、急速な変化が起きたといえます。

スイスでは2020年2月に新型コロナウイルス（COVID－19）の流行がはじまり、連邦政府は感染拡大を防ぐための個人の行動制限や商業施設の営業時間制限を行いましたが、国民の反発が強く、政府の方針を撤回させる国民発議運動も展開されました。しかし、感染状況が改善しない段階では多数の賛成を得ることはできませんでした。

スイスでは通常3カ月にいちどはなんらかの国民投票が行われていましたが、感染が拡大していた期間、国民投票は通常より少なくなりました。しかし2023年には活発に提案が行われるようになり、温室効果ガス排出量を2050年までに実質ゼロにする法案などが可決しています。

NATO加盟国（2024年時点）

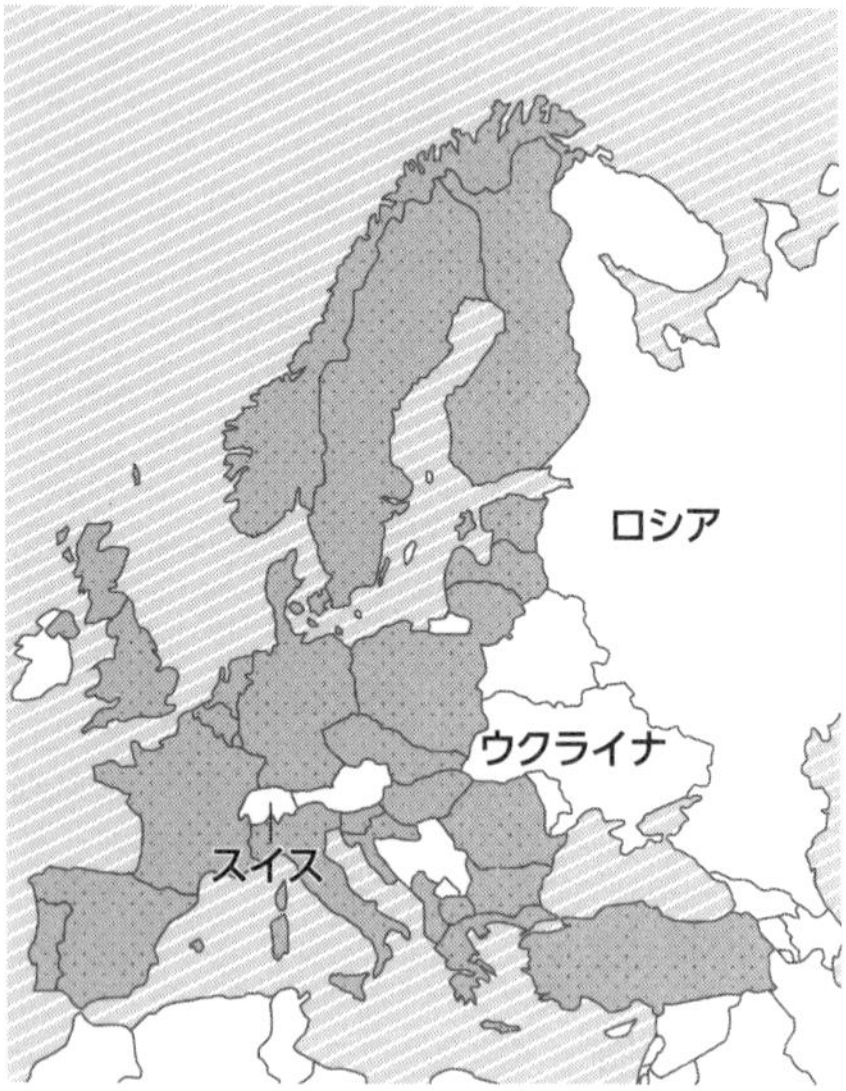

2022年2月にはじまったウクライナ戦争（ロシアによるウクライナ侵攻の全面化）は、国際平和の実現のためにスイスになにができるかをあらためて問う機会になっています。ロシアに対する国際的な非難が高まるなか、スイスもEU諸国とともにロシアに対する経済制裁を実行しています。

さらに、ウクライナを支援するNATO（北大西洋条約機構）に武器を輸出する案も検討されました。しかし、スイスの武器がNATO加盟国を経由してウクライナに提供されれば戦争当事者の一方に加担することになるという批判が起き、輸出は行われていません。さらに議会では、他国がすでに所有しているスイス製の武器のウクライナ移転を特例的に認める政府案も否決されます。

スイスの政府と国民は、伝統的な中立主義とヨーロッパ諸国との友好関係の両立の問題にまたもや直面することになりました。同時に、ナチスドイツの侵略やユダヤ人虐殺に反対の声をあげなかった過去のあやまちをくり返す可能性も意識させられています。

スイスは中世の建国時代から強大な外部勢力とのかけ引きや外交的バランスの維持を通じて独立を保ってきました。その努力はいまもつづけられています。国際紛争、中立主義、地球環境、エネルギー、外国人の雇用と生活など、困難な課題が数えきれないほどあります。しかしスイス人は、これからも知恵をしぼり、直接民主政的な制度を活用して議論を重ね、よりよい解決策をめざして前進していくことでしょう。

ひみつコラム

スイスのスポーツ

スキー以外の競技もさかんな雪国

アルプスの雪山が広がるスイスでは、古くからスキーがさかんです。オリンピックのアルペンスキー競技では２０２２年までにメダル66個（金22個）を獲得し、その数はオーストリアに次いで世界2位です。フリースタイル競技はメダル８個（金４個）で世界3位、ジャンプ競技は5個（金４個）で世界7位と好成績です。

１９８０年代に活躍したアルペンスキー選手ピルミン・ツルブリッゲン（ヴァレー州出身）は、カルガリー冬季オリンピック（１９８８年）で金メダルに輝き、世界大会で4回も優勝しています。

スイスの学校では19世紀末から、子どもの健康と発育のために体操競技が積極的にとりいれられました。１８９６年に近代オリンピックがはじまって以来、スイスは男子の体操では強豪国で、メダル48個（金16個）を獲得し、その数は世界5位です。このほ

フェデラー

ツルブリッゲン

か、馬術、射撃、自転車、カヌーなどでも多くのトップアスリートを輩出しています。

バーゼル出身のテニス選手ロジャー・フェデラーはスイス人ではじめて全米、全仏、全豪、ウィンブルドンの4大会の完全制覇（グランドスラム）を達成しました。

スイス独自のスポーツとしてシュヴィンゲン（スイス相撲）という格闘技があります。アルプスの農民の力比べがルーツで、半ズボンを着用し、おがくずを撒いた丸い輪のなかで相手を地面に倒す競技です。優勝者には生きた雄牛が贈られるのが伝統です。

プロリーグは存在しませんが、3年にいちど全国大会が開かれ、20万人もの観客が集まります。

⑨		バーゼル都市部	BS
⑩		バーゼル農村部	BL
⑪		アールガウ	AG
⑫		ルツェルン	LU
⑬		オプヴァルデン	OW
⑭		ニートヴァルデン	NW
⑮		シャフハウゼン	SH
⑯		チューリヒ	ZH
⑰		ツーク	ZG
⑱		シュヴィーツ	SZ
⑲		ウーリ	UR
⑳		ティチーノ	TI
㉑		トゥールガウ	TG
㉒		アペンツェル・アウサーローデン	AR
㉓		アペンツェル・インナーローデン	AI
㉔		ザンクト・ガレン	SG
㉕		グラールス	GL
㉖		グラウビュンデン	GR

現在のスイス26州

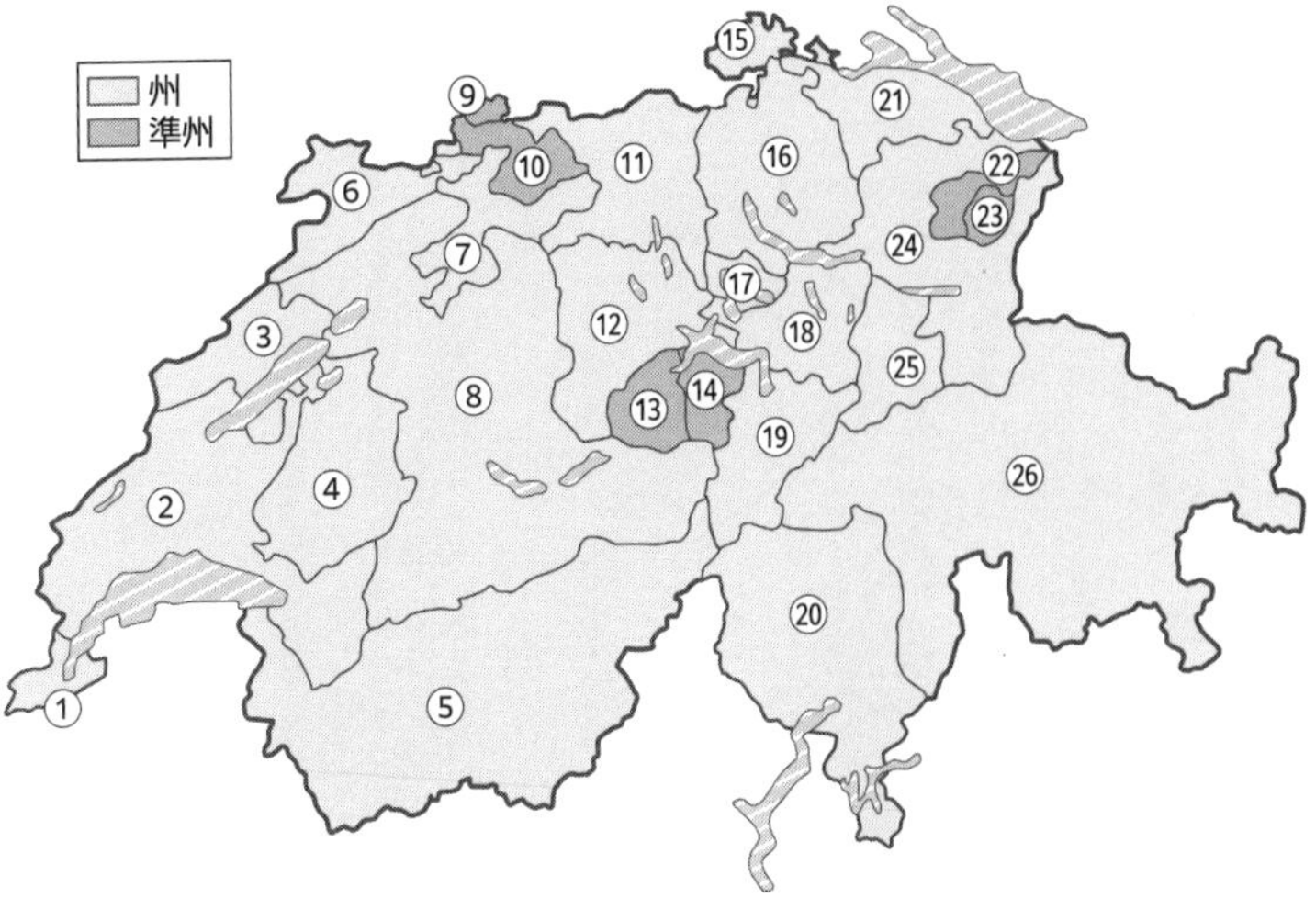

①		ジュネーヴ	GE
②		ヴォー	VD
③		ヌーシャテル	NE
④		フリブール	FR
⑤		ヴァレー	VS
⑥		ジュラ	JU
⑦		ゾロトゥルン	SO
⑧		ベルン	BE

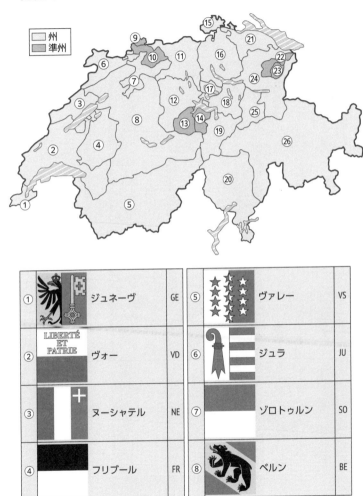

スイスの歴史 年表

この年表は本書であつかったスイスのできごとを中心につくってあります。

下段の「世界と日本のできごと」と合わせて、理解を深めましょう。

年代	スイスのできごと	世界と日本のできごと
〈紀元前〉		
107	ヘルウェティイ族がローマ軍を破る	世界 伝説上のローマ建国（753）
58	カエサルがヘルウェティイ族を服属させる	世界 ローマ帝国が成立（27）
〈紀元〉		
260	スイスがゲルマン人とローマの戦いの舞台になる	世界 エデッサの戦い（260）
401	ローマ軍がスイスから完全に撤退	世界 ゲルマン人の大移動開始（375）
476	西ローマ帝国の滅亡	世界 倭王武が宋に国書を送る（478）
534	フランク王国がブルグント王国を編入	世界 グプタ朝が滅亡（550）
870	メルセン条約によるフランク王国の分割	世界 キエフ公国が成立（882ごろ）
1033	スイス全域が神聖ローマ帝国の支配下に置かれる	世界 李朝（ベトナム）が成立（1009）

1200ごろ	ザンクト・ゴットハルト峠道が開通	世界 クレルモン教会会議（1095）
1291	原初三邦（ウーリ、シュヴィーツ、ウンターヴァルデン）による永久同盟	日本 弘安の役（1281）
1309	原初三邦のすべてが帝国直属となる	世界 アヴィニョン捕囚（1309〜1377）
1332	原初三邦にルツェルンが加わる（森林四邦）	世界 ペストの大流行（1348）
1353	八邦同盟の時代がはじまる	世界 ジャックリーの乱（1358）
1386	ゼンパハの戦い	世界 ヤギェウォ朝の成立（1386）
1436	古チューリヒ戦争（〜1450）	日本 応仁の乱（1467〜1477）
1481	シュタンス協定の成立	世界 スペイン王国成立（1479）
1499	シュヴァーベン戦争	世界 トルデシリャス条約（1494）
1516	スイス諸邦とフランスが「永久平和」を結ぶ	世界 マムルーク朝の滅亡（1517）
1519	ツヴィングリがチューリヒの司祭になる	世界 スレイマン1世即位（1520）
1521	スイス諸邦とフランスが傭兵契約同盟を結ぶ	世界 アステカ帝国滅亡（1521）
1570	スイスで対抗宗教改革が本格化する	世界 レパントの海戦（1571）
1648	ウェストファリア条約でスイスの「分離」が承認される	日本 寛永の大飢饉（1641〜1642）
1653	「農民同盟」による反乱	世界 ピューリタン革命（1642〜1649）

年代	スイスのできごと	世界と日本のできごと
1685	「ナントの王令」廃止によるスイスへの亡命者の増加	日本 生類憐みの令（1685）
1738	ジュネーヴで市民総会が復活	世界 乾隆帝の即位（1735）
1761	ヘルヴェティア協会の結成	日本 田沼意次が江戸幕府の老中に（1772）
1798	ヘルヴェティア共和国の発足	世界 ロゼッタ・ストーンの発見（1799）
1803	スイスが19の邦に再編される（「小復古」）	世界 トラファルガーの海戦（1805）
1815	スイスの永世中立が国際的に承認される（「大復古」）	世界 ナポレオンの百日天下（1815）
1830	スイスで「自由主義の再生」運動が広がる	世界 フランス七月革命（1830）
1847	分離同盟戦争	世界 ドミニカ共和国の独立（1844）
1847	スイス最初の鉄道の開通	世界 ゴールド・ラッシュがはじまる（1848）
1848	連邦憲法の成立	世界 フランス二月革命（1848）
1874	連邦憲法の全面改正	日本 廃藩置県（1871）
1914	第一次世界大戦（～1918）	世界 ドイツ革命（1918）
1918	ゼネスト	世界 五四運動（1919）
1920	国際連盟への加盟、「制限中立」状態になる	世界 ソヴィエト連邦が成立（1922）

1938	「絶対中立」にもどる	日本 二・二六事件（1936）
1939	第二次世界大戦（〜1945）	日本 広島・長崎に原爆投下（1945）
1959	連邦内閣で「魔法の公式」が確立される	世界 ワルシャワ条約（1955）
1968	学生運動が広がる	世界 人類初の月面着陸（1969）
1971	連邦レベルで女性参政権が認められる	日本 大阪万博（1970）
1979	ジュラ州の誕生	世界 ソ連がアフガニスタンに侵攻（1979）
1981	連邦憲法に男女平等の条項が加えられる	世界 チョルノービリ原発事故（1986）
1992	IMF（国際通貨基金）と世界銀行に参加	世界 ソ連崩壊（1991）
1999	EU（欧州連合）とバイラテラル協定を結ぶ	日本 阪神・淡路大震災（1995）
2002	ベルジエ委員会による報告書が完成	世界 アメリカ同時多発テロ事件（2001）
2002	国連への加盟が国民投票で可決される	日本 初の日朝首脳会談（2002）
2003	「魔法の公式」の崩壊	世界 アテネオリンピック（2004）
2015	銀行法の改正で情報漏洩の防止措置を強化	日本 東日本大震災（2011）
2017	原子力発電所のあらたな建設を法律で禁止する	世界 イギリスがEUを正式に離脱（2020）
2021	同性婚の合法化（2022年施行）	世界 新型コロナウイルスの大流行（2020〜）

参考文献

『図説　スイスの歴史』踊共二(河出書房新社)

『スイスの歴史ガイド』グレゴワール・ナッペイ著、藤野成爾訳(春風社)

『新版　世界各国史14　スイス・ベネルクス史』森田安一編(山川出版社)

『スイスを知るための60章』スイス文学研究会編(明石書店)

『物語スイスの歴史』森田安一(中公新書)

『スイスの歴史』U・イム・ホーフ、森田安一監訳(刀水書房)

『スイスの歴史と文化』森田安一編(刀水書房)

『スイス史研究の新地平　都市・農村・国家』踊共二、岩井隆夫編(昭和堂)

『ヨーロッパ読本　スイス』森田安一、踊共二編(河出書房新社)

『刀水歴史全書　スイスの歴史百話』森田安一監(刀水書房)

『中立国スイスとナチズム　第二次大戦と歴史認識』黒澤隆文監訳(京都大学学術出版会)

『観光大国スイスの誕生』河村英和(平凡社)

『スイス観光業の近現代　大衆化をめぐる葛藤』森本慶太(関西大学出版部)

『未知との遭遇　スイスと日本　16世紀～1914年』ロジャー・モッティーニ著、森田安一訳(彩流社)

『日本とスイスの交流　幕末から明治へ』森田安一編(山川出版社)

『もう一つのスイス史　独語圏・仏語圏の間の深い溝』クリストフ・ビュヒ著、片山淳子訳(刀水書房)

『駐日スイス公使が見た第二次世界大戦　カミーユ・ゴルジェの日記』カミーユ・ゴルジェ著、鈴木光子訳(大阪大学出版会)

『スイス人よ、中立であれ　絵画と写真で読む「私たちスイスの立場」』カール・シュピッテラー著、大串紀代子訳・解説(明石書店)

[監修]
踊共二（おどり・ともじ）
1960年、福岡県生まれ。武蔵大学リベラルアーツ＆サイエンス教育センター教授。博士（文学・早稲田大学）。専攻は中近世ヨーロッパ史。おもな単著として『改宗と亡命の社会史　近世スイスにおける国家・共同体・個人』（創文社）、編著として『アルプス文化史 越境・交流・生成』（昭和堂）、『ヨーロッパ読本　スイス』（河出書房新社）、『スイス史研究の新地平　都市・農村・国家』（昭和堂）などがある。

編集・構成／造事務所
ブックデザイン／井上祥邦（yockdesign）
文／佐藤賢二、尾登雄平
イラスト／suwakaho
写真／写真AC

世界と日本がわかる　国ぐにの歴史
一冊でわかるスイス史

2024年5月20日　初版印刷
2024年5月30日　初版発行

監　修　　踊共二

発行者　　小野寺優
発行所　　株式会社河出書房新社
〒162-8544
東京都新宿区東五軒町2-13
電話03-3404-1201（営業）
03-3404-8611（編集）
https://www.kawade.co.jp/
組　版　　株式会社造事務所
印刷・製本　TOPPAN株式会社

Printed in Japan
ISBN978-4-309-81121-5

「世界と日本がわかる 国ぐにの歴史」シリーズ